마인드 리딩 커뮤니케이션
MIND READING COMMUNICATION

가슴팍에 전광판 같은 게
딱 붙어 있었으면 좋겠어.
그 위로 글자가 막 지나가면서
그 사람의 마음을 읽을 수 있게.

_드라마, '소울메이트'에서

★★★ 마음을 열지 않는 사람들과 쉽고 편하게 대화하는 법 ★★★

마인드 리딩 커뮤니케이션
MIND READING COMMUNICATION

공문선 지음

루이앤휴잇

우리는 감춰진 커뮤니케이션을 한다

한 채용사이트에서 직장인 1천363명을 대상으로 회사에서 감정을 숨기거나 거짓 감정을 연기한 적이 있는지를 조사했다. 그 결과, 93.3%가 그런 경험이 있다고 했다. 가장 많이 나온 답변은 응답자의 절반에 가까운 45.6%가 꼽은 '화가 나도 안 난 척한다.'였다. 직장생활 중 치밀어 오르는 분노를 꾹 참아야 하는 경우가 적지 않기 때문이다. 두 번째로 많았던 응답은 '즐겁지 않아도 억지로 웃는 척한다.'로 26.9%가 그렇게 한다고 했다. 문제는 그로 인해 상당수가 부작용을 겪고 있다는 점이다. 가장 많이 나타난 부작용은 우울증이었다. 절반에 가까운 46.6%가 '직장 밖으로 나오면 '왜 이렇게 살아야 하나!'라며 급속히 우울해진다고 했기 때문이다.

이렇듯 많은 사람이 심각한 부작용을 겪으면서도 자신을 감춘 채 살아가고 있다. 그 이유는 과연 뭘까.

이는 우리가 타인을 의식할 수밖에 없는 사회적 동물일뿐더러 그것을 통해 이익을 얻고 이미지를 지키기 위해서다. 평소 대화를 통해서도 그것이 고스란히 나타난다.

/// 커뮤니케이션의 비밀 하나. 우리는 감춰진 커뮤니케이션을 한다.

루스의 남편 제리는 아내가 불륜남 딕과 통화하는 것을 우연히 듣는다. 전화를 끊을 때쯤 제리가 우연히 통화를 엿들었다는 사실을 알게 된 루스는 기겁한다. 남편이 뒤뜰에서 낙엽을 치우고 있다고 생각했기 때문이다.

제리가 부엌에서 나오며 물었다.

"누구 전화야?"

루스는 당황해하며 이렇게 둘러댄다.

"아, 별거 아니에요. 주일학교 담당자가 전화했는데, 조안나와 찰리를 등록시킬 건지 묻네요?"

——존 업다이크John Hoyer Updike의 소설, 《결혼합시다》 중에서

우리는 과연 언제부터 거짓말을 하게 되었을까.

우유병을 엎지른 만2세 아이에게 누가 그랬냐고 물으면 "아빠가…" 혹은 "토끼가…"라고 대답하곤 한다. 이를 거짓말이라고 할 수는 없다. 만4, 5세가 채 되지 않은 아이들 역시 현실과 환상을 구별하는 능력이 부

족하다. 그러나 만 7, 8세가 되면 거짓말의 의미를 이해하고 활용할 수 있는 능력이 생긴다. 그때부터 우리는 진실을 감추는 말을 시작한다. 늙어 죽을 때까지.

/// 커뮤니케이션의 비밀 둘. 우리는 자신의 진짜 생각을 말하지 않는다.

모 잡지사에서 주부들을 위한 잡지 창간을 앞두고 소비자 조사를 하였다. 설문 조사 결과를 보면, 주부들은 낯 뜨거운 섹스 이야기나 유명인의 스캔들 일색의 기존 잡지에 싫증이 나 있어서 유익한 정보만을 전달하는 여성지가 나올 경우 95% 이상이 구독할 것으로 나타났다. 하지만 이는 사실이 아니었다. 잡지 창간 후 철저히 외면했을 뿐만 아니라 곧 폐간되고 말았기 때문이다.

우리는 자기 생각이 아닌 질문자가 원하는 답변을 하는 경향이 있다. 가장 좋다고 생각하는 것만 말할 뿐 자신의 진짜 생각을 답하지 않는 것이다. 이는 일부러 속이기 위한 것이 아니라 질문에 답할 때 감정이나 본능보다는 지성을 관장하는 대뇌피질이 먼저 작용하기 때문이다. 문제는 그러면서도 자신은 진실을 말한다고 믿는다는 것이다.

/// 커뮤니케이션의 비밀 셋. 우리는 상황에 맞춰 말을 만들기도 한다.

현대 신경의학 창시자인 프랑스의 의사 장 마르탱 샤르코Jean Martin Charcot는 한 여성 환자에게 최면을 건 뒤 우산을 건네주고 그것을 펼쳐보라고 했다. 그리고 그녀를 최면 상태에서 천천히 깨어나게 했다. 잠시 후 제정

신으로 돌아온 그녀는 자신의 손에 우산이 들려있는 것을 보고 깜짝 놀랐다. 그 모습을 본 샤르코가 왜 실내에서 우산을 들고 있느냐고 묻자, 그녀는 어쩔 줄 몰라 하며 천장만 쳐다보았다. 그리고 잠시 후 이렇게 말했다.

"조금 전에 비가 내렸어요."

하지만 그녀 역시 자신이 실내에서 우산을 펼쳐 들고 있는 이유가 비가 내렸기 때문이라고는 생각하지 않았다. 그저 질문을 받았으니 뭔가 대답을 해야 한다고 생각했고, 비가 내렸기 때문이라는 것이 그녀가 궁리 끝에 생각한 유일한 답변이었다.

/// 커뮤니케이션의 비밀 넷. 우리는 가끔 자기 자신조차 속인다.

재미있는 실험이 하나 있다.

어느 사무실의 컬러복사기가 고장 나서 범인을 색출하기로 했다. 누가, 언제 썼는지 일일이 조사하겠다고 하자 모두가 실험대상인 한 사람을 지목했다. 당사자는 처음에는 완강히 부인했지만, 동료들이 계속해서 오리발 내민다고 하자, 결국 자신이 범인(?)임을 실토했다.

재미있는 것은 그다음이다. 어느 정도 시간이 흐른 후 다시 한번 그때 일을 꺼내자, 그가 확실히 본인이 고장 냈다고 인정했을 뿐만 아니라 어떻게 고장을 냈는지에 대해서 자세히 설명까지 했다는 것이다.

듣지 말고, 관찰하라

입이 떡 벌어질 만큼 비싼 옷이나 명품 가방만이 재력을 보여주는 건 아니다. 미국 과학저널《라이브 사이언스Live Science》에 따르면 무의식중에 나오는 몸짓 역시 그 사람의 재산 규모를 암시한다고 한다.

미국 UC버클리대학교 심리학과 마이클 크라우스Michael Kraus 교수와 대거 켈트너Dacher Keltner 교수 연구팀은 몸짓과 재산의 상관 관계를 알아보기 위해 대학생 100명을 대상으로 다음과 같은 실험을 했다.

그들은 서로 처음 보는 학생 100명을 2명씩 짝지어 1분간 대화하게 한 후 어떤 몸짓을 보이는지 관찰했다. 그 결과, 부유한 집안 학생들은 가난한 집안 학생보다 '예의 없는' 태도를 자주 보였다. 그들은 몇 초간 옷을 매만지거나, 주변 물건들을 함부로 만지작거렸고, 거기에 낙서를 하기도 했다. 그만큼 대화에 집중하지 않았다는 뜻이다. 반면, 가난한 집안 학생들은 수시로 웃고, 눈을 크게 뜨거나, 고개를 끄덕이는 등 상대의 말에

즉각 반응했다.

　연구팀은 그 차이를 예절 교육이 아닌 '동물적 본성'으로 설명했다. 인간을 비롯한 동물사회에서는 지위가 높일수록 상대가 자신의 자리를 넘보지 못하도록 신호를 보내는데, 맹수가 물리적인 힘을 과시하는 것과 마찬가지로 부자들 역시 무의식적으로 '나는 완벽해', '나는 당신 같은 사람따윈 필요 없어'와 같은 몸짓을 한다는 것이다.

　이런 몸짓은 서로를 대하는 감정과 진심을 읽는 매우 중요한 자료가 된다. 어디 몸짓뿐인가. 면접을 기다리면서 옷매무시를 가다듬고, 한 번이라도 눈을 맞추려고 하는 행동에서도 그 사람의 마음을 읽을 수 있다.

　우리는 말과 몸짓, 분위기를 결합해 상대에게 전하고 싶은 메시지를 만든다. 중요한 것은 대부분 이 사실을 쉽게 잊은 채 겉으로 드러난 말만으로 상황을 판단하고 결과를 얻으려고 한다는 것이다.

/// 말의 영향력은 고작 7%, 보이지 않는 커뮤니케이션에 주목하라

　간혹 상대가 진실을 말하고 있지 않다고 느낄 때가 있다. 한번 그런 생각이 들면 상대의 말에 더는 집중하지 못할 뿐더러 대화 내용 역시 불신하게 된다. 이럴 때 상대의 보이지 않는 말, 즉 속마음을 알 수 있다면 얼마나 좋을까. 반대로 내가 미처 표현하지 못한 말을 상대가 알아줬으면 할 때도 있다. 물론 감쪽같이 상대를 조종하고 싶을 때도 있다. 이런 경우, 어떻게 하면 내 뜻대로 마음을 전하거나 감출 수 있을까.

　사람과 사람이 만나 관계를 맺을 때 입을 통해 나오는 말의 영향력은 고작 7% 정도라는 연구결과가 있다. 나머지 93%는 상대의 목소리와 전체적인 분위기, 표정과 몸짓이 결정하기 때문이다. 그 때문에 제대로 된 커뮤니케이션을 하려면, 나아가 소통을 주도하려면 7%뿐 아니라 93% 영역까지 꿰뚫어야 한다.

/// 상대의 마음을 꿰뚫는 대화 고수들의 심리 테크닉

이 책은 93%의 보이지 않는 대화를 활용하는 비법을 다루고 있다.

대화 속에 숨겨진 메시지를 포괄하는 커뮤니케이션은 가고자 하는 목적지를 찾아 구불구불 이어지는 골목길을 탐험하는 것과 같다. 그런 점에서 보이는 대화가 목적지 근처까지 태워주는 택시라면, 보이지 않는 대화는 목적지까지 나 있는 골목길이라고 할 수 있다. 택시를 타고 목적지 근처까지 왔다고 해도 물어물어 골목길을 밟아 나가지 않으면 자신이 가야 할 곳에 절대 이를 수 없다. 마찬가지로 보이는 대화가 아무리 열심히 오간다고 한들 보이지 않는 대화 없이는 상대의 마음에 절대 가 닿을 수 없다.

이 책은 서로의 마음에 나 있는 골목길을 안내하는 심리지도와도 같다. 특히 마음에 이르는 길을 다루고 설명하다 보니, 본문의 상당 부분은 심리학 연구 성과를 이정표로 삼고 있다. 마음과 마음을 잇는 다양한 심리 법칙들은 당신이 길에서 헤매지 않게 할 뿐만 아니라 대화 곳곳에 있는 함정에 빠지지 않도록 안내할 것이다.

사랑하는 마음을 고백하고 싶을 때, 특별한 사람으로 어필하고 싶을 때, 굳게 닫힌 상대의 마음을 열고 싶을 때, 상대를 내 뜻대로 움직이고 싶을 때, 숨겨진 본심을 끌어내고 싶을 때, 상대를 감동하게 하고 싶을 때 들춰보면 도움이 될 만한 내용을 충실히 담고자 했다. 말은 흔하지만 소통은 귀하고, 만남은 많지만 끌림은 드물다고 느끼는 이들에게 이 책이 작은 지혜가 된다면 글쓴이로서 다시없는 기쁨이겠다.

— 공문선

4장 숨겨진 본심을 읽는 설득의 기술

지친 마음을 위로하고 감싸는 감동의 기술

1장

괜찮은 사람이 '고마운 사람'이 되는
접근의 기술

KEY POINT

대화의 달인 래리 킹에게 어떤 기자가 대화에 관한 조언을 구한 일이 있다.

그러자 래리 킹은 대답 대신 기자에게 다음과 같이 물었다.

"만일 당신이 화재 현장을 취재한다면 소방관에게 뭐라고 하겠습니까?"

기자는 당연히 화재 원인과 발화지점 등을 물을 것이라고 했다.

하지만 그것은 래리 킹이 원한 대답이 아니었다.

"나라면 먼저 소방관의 어깨를 다독이며 '아이고, 이렇게 힘들고 위험한 곳에서

벌써 몇 시간째 고생하고 있습니까?'라고 하겠습니다."

《어휘력이 교양이다》의 저자 메이지대학 사이토 다카시齊藤孝 교수는 대화 중 '난감한' 단어를 듣게 되면 "선배나 상사 등이 한 말을 그대로 따라 하는 게 최선"이라고 말한다. 대화 중에 처음 듣는 단어가 나오면 앵무새처럼 그대로 따라 하라는 것이다. 예컨대, 상대가 "저는 '로지컬 씽킹'이 잘 안 돼서 고민이에요."라고 하면 "저도 요즘 '로지컬 씽킹' 때문에 고민이 많습니다."라고 하는 것이다.

상대의 말을 따라 하는 것은 상대의 말을 잘 듣고 있으며 존중한다는 뜻이다. 그러니 상대 역시 전혀 싫어하지 않을뿐더러 오히려 친밀감을 느끼고 마음의 문을 여는 효과를 누릴 수 있다.

__ 백트래킹, '일단 맞장구부터 쳐라'에서

처음부터
너무 들이대지 마라

/// 상대가 편안해질 때까지 기다려라

미국 캘리포니아주는 일 년 내내 날씨가 좋아서 스쿠버 다이버들에게 천국으로 꼽힌다. 태평양 바닷속을 마음껏 유영하는 것은 분명 즐거운 일임이 틀림없다. 그러나 아무리 날씨가 따뜻해도 물속이기에 제법 추어서 간혹 쥐가 나기도 하고, 해초에 물갈퀴가 엉키는 등의 불의의 사고가 일어나기도 한다.

이런 돌발사고가 생길 경우를 대비해서 사람들은 가장 먼저 무거운 산소통을 벗어젖히도록 훈련받는다. 산소통을 떼어내고 힘차게 점프하면 웬만큼 깊은 물속에서도 수면 위로 쉽게 떠오를 수 있기 때문이다. 그런데도 해마다 30~40명의 다이버들이 아까운 목숨을 잃는다. 이상한 것은 사고로 죽은 사람들 대부분이 산소통을 맨 채로 발견된다는 점이다. 산소통의 벨트만 젖히면 살 수 있었을 텐데, 당황해서 살아야겠다는 생각에만 집착한 나머지 평소 숙지하고 있던 응급처치도 하지 못한 채 허둥

대다 죽어간 것이다.

이렇듯 처음 겪는 상황에서는 아무리 철저히 대비해도 누구나 긴장하고 당황하기 마련이다. 대화 역시 마찬가지다.

누구나 처음 보는 사람을 만날 때는 상대의 분위기를 살피며 환경에 적응할 시간을 갖는다. 심지어 이것저것 다 만지고 다니는 개구쟁이 아이들 역시 낯선 곳에 가면 두리번거리며 여기저기 살펴본 후에야 본색을 드러낸다.

환경에 적응할 시간도 주지 않고 대화를 시작하면 상대가 느끼는 경계심이 대화에 그대로 드러난다. 예컨대, 어떤 사람이 냉장고를 사러 간다고 해보자. 막 매장에 들어온 사람은 아직 그곳 분위기에 적응이 안 된 상태다. 이때 서투른 판매원은 고객이 숨을 돌리기도 전에 이 모델, 저 모델에 관한 정보를 쏟아놓는다. 그리고는 고객이 얼떨떨해서 머뭇거리면 '이 고객은 틀렸다.'라고 생각하며 곧 다른 곳으로 가버린다. 하지만 숙련된 판매원은 다르다. 그들은 고객이 들어오면 반갑게 맞은 후 우선 자유롭게 구경하도록 한다. 그리고 어느 정도 매장에 익숙해질 때까지 기다린 뒤에야 고객에게 다가가 이런저런 대화를 한다. 이런 심리 메커니즘을 심리학에서는 '요크스&다드슨의 법칙Yerkes&Dodson law'으로 설명한다.

사람은 새로운 환경에 처음 노출되면 주의가 산만해져서 쓸데없는 정보에만 신경 쓰는 경향이 있다. 그런데 만일 이때 누군가가 너무 많은 정보를 주면 짜증이 난다고 한다. 어느 정도 시간이 지난 다음에야 주의집중 상태가 되어 필요한 정보를 받아들일 수 있기 때문이다. 그때는 반대로 아무도 관심을 갖지 않으면 화가 난다. 자신이 무시당한다고 생각하기 때문이다.

대화에서도 이 법칙이 그대로 적용된다. 따라서 처음 보는 사람과 대화할 때는 상대가 우선 '나'라는 환경에 대해 편안한 상태를 가질 수 있도록 처음부터 너무 '들이대지' 않는 것이 중요하다. 긴장이 풀리고 마음이 편안해질 여유도 주지 않고 바로 본론으로 들어가면 대화의 문을 닫을 가능성이 높기 때문이다.

/// 분위기만 잘 만들어도 원하는 결과를 얻을 수 있다

간단한 심리실험을 하나 해보자.

지금 당장 이마에 대문자로 알파벳 Q를 써보자. 쓰는 방법에 따라 두 가지 부류로 사람을 나눌 수 있다. Q를 상대가 잘 읽을 수 있도록, 즉 자신이 보기에 거꾸로 된 모양으로 쓰는 사람이 있는가 하면, 반대로 Q를 자신이 보이는 방향으로 쓰는 사람들도 있다.

이 실험은 인간의 자의식을 알아보기 위한 것이다. Q를 상대가 잘 읽을 수 있도록 쓰는 사람은 자신의 주관보다는 타인에게 보이는 자신의 모습을 의식하는 경향이 강하다. 그만큼 주변 상황에 휩쓸리기도 쉽다.

이 실험을 해보면 약 70% 사람들이 남의 시선에 신경 쓴다고 한다. 대부분 사람이 남의 눈치를 보며 상황에 따라서 적당히 자신을 바꾼다는 뜻이다. 이는 커뮤니케이션에서도 시사하는 바가 크다.

우리는 좋은 상황에서는 좋은 이야기를 하고, 좋지 않은 상황에서는 아예 입을 닫거나 조심스럽게 대화하게 마련이다. 따라서 즐겁게 대화하고 싶다면 먼저 상황을 즐겁게 바꾸고, 편하게 대화하려면 상황을 편하게 만들어줘야 한다. 상황을 만들라니. 매우 거창하게 들릴 수도 있지만, 실제로는 그리 어려운 일이 아니다.

언젠가 골목을 지나다가 쓰레기 무단 투척에 관한 다음과 같은 경고문을 본 적이 있다.

이곳에 쓰레기를 버리는 인간들은 개 취급당할 각오해라. 그리고 모든 쓰레기는 너희 집 안방으로 옮길 것을 권고한다. 자손 대대로 빌어먹을 인간들아!

너무 살벌해서 메모까지 했는데, 한편으로는 안타까운 생각이 들었다.

대부분 표현 수위만 다를 뿐, 쓰레기 무단 투척 경고문은 앞의 문구와 비슷하다. 문제는 그렇다고 해서 사람들이 쓰레기 버리는 일을 그만두지는 않는다는 것이다. 오히려 반항심리 때문에 쓰레기를 더 많이 버린다는 것이 정설이다.

사실 양심에 호소하거나 경고하는 것보다 더 좋은 방법이 있다. 누군가 쓰레기 투척 장소에 작고 예쁜 화단을 만들었다. 그 후 24시간 동안 관찰한 결과, 쓰레기를 버리는 사람이 단 한 사람도 없었다. 쓰레기를 버리려고 들고 나왔던 사람조차 다시 들고 돌아갔다. 이것이 바로 긍정적 상황을 만듦으로써 결과 자체를 바꾸는 기술이다.

분위기를 좋게 만들면 굳이 애쓰지 않아도 원하는 결과를 얻을 수 있다. 커뮤니케이션 역시 다를 바 없다.

/// 상대의 마음을 여는 말로 대화의 물꼬를 터라

미국 심리학자 메이[James L. May]와 해밀턴[phyllis Ann Hamilton]은 여대생들을 대상으로 한 가지 실험을 했다. 그들은 여대생들이 가장 좋아하는 음악(로큰롤)과 가장 싫어하는 음악(전위파 현대음악)을 조사한 후 실험에 참여한 여대생들에게 낯선 남성의 사진을 보여주면서 호감도를 말해달라고 했다. 그러면서 한 그룹에는 그들이 좋아하는 로큰롤을 들려주고, 다른 그룹에는 싫어하는 전위파 현대음악을 들려주었다.

그 결과, 싫어하는 음악을 들으며 남성의 사진을 본 여대생들은 사진 속의 인물을 나쁘게 평가했고, 좋아하는 음악과 함께 남성의 사진을 본 여대생들은 호의적으로 평가했다. 이는 자신이 좋아하는 상황에서는 상대가 누구건 쉽게 마음을 연다는 것을 보여준다.

광고학자 곤[Gerald Joseph Gom]은 실험 조건을 좀 더 세분화해서 사람들의 반응을 살폈다.

- 첫 번째_ 좋아하는 음악을 들으며 좋아하는 하늘색 펜 광고 보기
- 두 번째_ 좋아하는 음악을 들으며 싫어하는 갈색 펜 광고 보기
- 세 번째_ 싫어하는 음악을 들으며 좋아하는 하늘색 펜 광고 보기
- 네 번째_ 싫어하는 음악을 들으며 싫어하는 갈색 펜 광고 보기

사람들이 가장 선호하는 것은 당연히 첫 번째 상황이었다. 하지만 두 번째 상황에서도 광고가 좋다는 평가가 나왔다. 이는 메시지 자체보다는 상황에 더 많은 영향을 받는다는 것을 말해준다.

파블로프^{Ivan Petrovich Pavlov}가 주장한 연합 원리로도 이를 설명할 수 있다. 그에 의하면, 처음에는 좋고 싫은 감정이 전혀 없는 사람이나 대상이라도 어떤 상황에 지속해서 부딪힐 경우 그 상황에 맞는 감정이 일어난다고 한다.

대화 역시 마찬가지다. 전체적인 대화 상황이나 분위기는 어떤 말을, 어떻게 시작하느냐에 따라서 달라진다. 처음 한두 마디가 쉽게 트이면, 전체 대화 역시 물 흐르듯 매끄럽게 이어지는 것이다.

이렇듯 대화의 물꼬를 잘 틈으로써 상황을 좋게 바꾸는 기술을 '캐널리제이션^{Canalization}'이라고 한다. 그렇다면 어떤 말로 대화의 물꼬를 터야 할까.

우선, 긍정적인 표현을 활용하는 방법이 있다. 사람들은 상대를 긍정적으로 보면 솔직해지고 쉽게 마음을 여는 경향이 있다. 즉, 상대에게 긍정적인 감정을 갖도록 상황을 만들어주면 대화가 그만큼 쉬워진다.

대화의 달인 래리 킹^{Larry King}에게 어떤 기자가 대화에 관한 조언을 구한 일이 있다. 그러자 래리 킹은 대답 대신 기자에게 다음과 같은 질문을 던졌다.

"만일 당신이 화재 현장을 취재하게 된다면 소방관에게 뭐라고 말하겠습니까?"

기자는 당연히 화재 원인과 발화지점 등을 물을 것이라고 했다. 하지만 그것은 래리 킹이 원한 대답이 아니었다.

"나라면 먼저 소방관의 어깨를 다독이며 '아이고, 이렇게 힘들고 위험한 곳에서 벌써 몇 시간째 고생하고 있습니까?'라고 하겠습니다."

상대의 마음을 열게 하려면 먼저 상대의 상태를 이해하는 말로 시작해야 한다. 아무리 질책하는 자리라도 "김 대리, 어제 고생 많았지?"나 "요즘 공부하기 힘들지?"라는 격려의 말로 시작해야만 대화가 수월해지고 깊어진다.

대화의 물꼬를 트는 또 다른 방법은 순수하게 감사를 표현하는 것이다. 상대에게 대화에 참여해준 것에 대해 진심 어린 감사를 표현하며 대화를 시작함으로써 대화 분위기를 우호적으로 이끌어갈 수 있다.

심리학자 하스R. G. Hass와 그래디K. Grady는 이와 관련해서 재미있는 실험을 했다.

어느 유명한 보석상에서 연말에 고객들에게 카드를 보냈다. 이때 어떤 고객들에게는 감사 인사를 전하면서 특별세일 행사가 있다는 정보를 추가했고, 다른 한쪽에는 그냥 사랑해주셔서 감사하다고만 적었다. 과연, 카드를 받은 후 어느 쪽 고객들이 매장을 방문해서 보석을 더 많이 샀을까?

감사카드만 보낸 경우였다. 사람들은 별다른 의도 없이 고맙다는 말만 전해도 상대에 대해 매우 우호적이게 된다. 그러니 늘 감사 인사로 사람을 맞아라.

"시간 내주셔서 감사합니다."

이 한마디가 상대를 내 편으로 만든다.

KEY POINT

중요한 결정을 해야 할 때 정보가 너무 많으면 하찮은 정보에 집착한 나머지 잘못된 판단을 하기 쉽다. 대화 역시 마찬가지다. 상대가 전혀 얘기할 준비가 되지 않았는데 무턱대고 덤볐다가는 무례한 사람이라는 이미지만 심어줄 수 있다. 당연히 목적했던 대화 역시 할 수 없게 된다. 그러니 처음 보는 사람과 대화할 때는 상대가 편안함을 느끼고, 대화할 준비가 될 때까지 기다려야 한다. 대화는 그 다음이다.

상대와
같은 속도가 되어라

/// 자기 생각과 느낌을 먼저 드러내라

미국인들은 매년 15억 달러어치의 포테이토칩을 먹어치운다. 그런데 커다란 은박 봉지에 넣어 파는 포테이토칩은 그 모양이 제각각이어서 부피도 많이 차지할뿐더러 쉽게 부서지는 단점이 있다. 또한, 기름에 절어 금방 변질하거나 맛이 변하는 경우가 많다.

이런 불만을 인지한 P&G는 새로운 포테이토칩 개발에 착수해 1968년 감자를 갈아 일정한 모양으로 찍어 차곡차곡 포개 동그란 원통에 진공 포장한 '프링글스Pringles'를 시장에 내놓았다. 그리고 '마케팅 사관학교'라는 명성에 걸맞게 주요 지역별로 광고비 1,500만 달러를 투입해 대대적인 홍보전을 벌여 '잘 부서지지 않는다.', '오래 두어도 변질하거나 맛이 변하지 않는다.'는 점을 강조했다. 그 결과, 25%의 점유율을 꾸준히 유지할 수 있었다.

문제는 그다음이었다. 얼마 후부터 매년 매출이 감소하더니, 1978년에는 7% 이하로 뚝 떨어졌고, 마침내 광고를 전면 중단하기에 이르렀다. 과연 무엇이 문제였을까.

시장조사 결과, 소비자는 잘 부서지지 않는 포테이토칩은 너무 인공적이라고 느끼고, 변질하지 않는 만큼 방부제가 많이 들어갔을 것으로 생각한다는 사실이 밝혀졌다. P&G가 말하는 마케팅 메시지가 소비자에게 전혀 다르게 인식된 것이다. 뒤늦게 자신들의 실수를 깨달은 P&G는 새로운 맛과 부드러운 질감, 진공포장을 한 순수 자연식품임을 강조하는 새로운 광고 전략을 펼쳤고, 돌아선 소비자의 마음을 다시 붙잡는 데 성공했다.

이는 인간관계에도 시사하는 바가 매우 크다. 형식적이고 부자연스러운 만남보다는 부드럽고 자연스럽게 말문을 트는 편이 부담도 적고 쉽게 가까워질 수 있기 때문이다.

처음 만나는 사람 앞에서 딱딱하게 굳어 있거나 대화 목적을 달성하려는 급한 마음에 무조건 본론으로 들어가는 경우가 많다. 하지만 운동할 때 스트레칭을 소홀히 하면 몸이 안 풀리고 부상 위험이 크듯, 대화에서도 서로를 가볍게 탐색하는 과정을 생략하면 어색한 분위기가 풀리지 않아 대화가 뻣뻣해지고 겉돌게 된다. 따라서 본론에 들어가기에 앞서 부드러운 주제, 예컨대 날씨나 여행, 유머 등 가볍고 누구나 꺼리지 않는 공통된 주제로 분위기를 푸는 과정이 필요하다. 더러는 공동의 화제를 찾는다며 대화 시작부터 정치나 사회문제를 꺼내는 사람들이 있는데, 의견 충돌의 개연성이 있는 무거운 주제는 피하는 것이 좋다. 특히 종교나

성(性)과 관련된 정보나 뉴스는 잘못하면 역효과를 줄 수 있다. 또한, 결혼 여부 등 개인적 신상이나 사생활을 조사하듯이 물어보는 경우가 있는데, 이 역시 큰 실례다.

자연스럽게 대화를 시작하는 또 다른 방법은 자기 생각과 느낌을 먼저 솔직하게 드러내는 것이다. 그것이 어렵고 장황하게 말하는 것보다 상대의 공감을 얻는 데 훨씬 유리하다. "전 부끄러움을 많이 탑니다.", "저는 이런 자리가 처음이에요."라며 선뜻 자기 이야기를 하는 사람은 누구에게나 친근한 인상을 준다.

친밀한 감정과 정보를 함께 나누는 것을 '자기 노출Self-disclosure'이라고 한다. 한때 공적인 대화에서는 개인적인 얘기를 나누는 것을 금기시했지만, 최근에는 사소한 잡담이나 수다가 대화를 부드럽게 하고 더욱 친밀한 관계를 만드는 윤활유 역할을 한다는 점에서 적극적으로 활용하는 추세다.

/// 알고 싶은 만큼 나를 먼저 보여줘야 한다

김 부장은 얼마 전 커뮤니케이션 교육을 받은 후 부하직원들의 이야기에 귀 기울여야겠다고 결심했다. 그래서 직원들을 한 명씩 면담하면서 열심히 그들의 말을 들어주려고 했지만, 뜻대로 되지 않았다. 직원들이 말하기를 꺼리고 부담스러워했기 때문이다. 과연, 무엇이 문제였을까.

이는 직원들의 말을 경청하기 전에 자신을 먼저 드러내야 한다는 사실을 간과했기 때문이다. 남의 말을 잘 들어주는 것만이 중요한 것이 아니다. 굳게 닫힌 상대의 마음을 열기 위해서는 자신을 먼저 보여줘야 한다.

김 부장 역시 마찬가지다. 부하직원의 마음을 알고 싶다면 자신이 신참이었을 때 경험하고 느꼈던 어려움을 먼저 얘기했어야 한다.

물론 모든 노출에는 적절한 수위가 있다. 실제로 심리학자 어윈 알트만Irwin Altman과 달마스 테일러Dalmas Taylor는 상대와 속도를 맞출 경우에만 자기 노출이 호감을 줄 수 있다고 말한 바 있다.

실제로 우리는 너무 빨리 강하게 다가오는 사람을 본능적으로 경계하고 밀어내는 습성이 있다. 그런 점에서 자기 노출 수준이 비슷한 사람을 더 좋아한다는 것은 수많은 연구를 통해 증명된 사실로, 심리학자 체이킨Chaikin과 델라가Derlega의 실험 역시 이런 심리를 잘 보여준다.

그들은 실험에서 두 여배우를 주인공으로 학교식당에서 처음 대면하는 4가지 상황을 연출했다.

- 첫 번째 상황 _ 한 여성이 자신의 섹스 파트너에 관한 이야기를 털어놓자(높은 수준의 자기 노출), 다른 여성은 자신의 어머니가 정신병원에 입원해 있다는 사실을 말했다. (높은 수준의 자기 노출)
- 두 번째 상황 _ 두 번째 상황 _ 한 여성이 학교 버스 통학권이 불편하다고 하자(낮은 수준의 자기 노출), 다른 여성은 자신이 다녔던 고등학교에 관해 이야기했다. (낮은 수준의 자기 노출)
- 세 번째 상황 _ 한 여성이 높은 수준의 자기 노출을 하자, 상대 여성은 낮은 수준으로 자기 노출을 했다.

● 네 번째 상황 _ 한 여성이 낮은 수준의 자기 노출을 하자, 상대 여성은 높은 수준으로 자기 노출을 했다.

그 후 실험 참가자들에게 위 4가지 화면을 보여주고 어떤 여성에게 호감이 가는지 평가하도록 했다.

실험 결과, 두 여성이 같은 수준의 친밀감을 보인 첫 번째와 두 번째 경우가 세 번째나 네 번째 경우보다 더 호감 가는 것으로 나타났다. 상대보다 너무 적게 자신에 대해 말한 세 번째 조건의 여성은 차가운 사람으로 간주하였고, 상대보다 더 친밀한 자기 노출을 한 네 번째 조건의 여성은 어딘지 모자란 사람으로 간주하였다.

KEY POINT

인간관계의 기본 원칙은 '기브 앤 테이크give & take'다. 내가 상대에 대해 알고 싶은 만큼 나 역시 보여줘야만 서로의 관계가 깊이 있게 더 발전할 수 있다. 자기 노출에도 엄연히 상호성의 원리가 존재하는 셈이다. 이와 같은 심리적 룰을 '상호성 규범'이라 하는데, 대부분 사람은 누군가가 자기를 도와주면 자기 역시 보답으로 그 사람을 도와줄 의무감을 느끼게 된다. 그러니 상대에게 뭔가 원하는 것이 있다면 나를 먼저 보여줘야 한다.

낯설고
다를수록 통할 수 있다

/// 뻔한 이야기에 공감하는 사람은 없다

"도대체 말이 통해야 말이지!"

상사는 고리타분하고, 부하는 말귀를 못 알아듣고, 남편은 권위적이며, 아내는 이기적이다. '어'하면 '아'하고 받아주는 사람이 있으면 좋으련만, 그게 어디 말처럼 쉬운 일인가. 그러다 보니 내 뜻을 펼치기는커녕 대화다운 대화를 하는 것조차 쉽지 않다.

흔히 생각이 비슷해야만 소통이 잘되리라고 생각한다. 하지만 이는 착각에 지나지 않는다. 다수의 청중을 상대로 한 강연이건, 단둘만의 대화건 간에 내용 전개가 빤히 보이는 얘기는 별다른 공감을 불러일으킬 수 없다. 서로 다 알고 있는 이야기만 계속하면 듣는 사람의 집중력이 떨어질 뿐만 아니라 무관심과 거부감까지 일기 때문이다. 똑같은 코미디 프로그램을 다시 보면서 처음처럼 폭소를 터뜨리는 사람은 별로 없다. 아무리 재미있는 유행어도 몇 달만 지나면 싫증이 나기 마련이다.

부부 사이에 대화가 점점 줄어드는 것 역시 같은 이유 때문이다. 서로 알 것 다 알기에 딱히 할 말이 없는 것이다. 이런 식의 커뮤니케이션에서는 소통은커녕 최소한의 의사전달 역시 불가능하다. 그런데도 우리는 항상 완벽한 공감을 원한다. 실제로는 십수 년을 함께한 아내와도 하루가 멀다고 갈등을 빚으면서 오늘 처음 만난 사람이 나와 똑같이 생각하고, 내 말에 공감하기를 바라는 것이다.

진정한 소통을 원한다면 완벽한 의견일치를 헛되이 바라지 말고 생각이 다른 바로 그 지점에서 출발해야 한다. 즉, 자신과 상대의 차이를 이해하고, 그 점을 적극적으로 이용해야 한다. 듣는 입장에서는 자신이 미처 몰랐던 얘기를 접했을 때 아무래도 관심을 기울이게 된다. 재테크에는 펀드가 최고인 줄 아는 사람에게 펀드의 문제점을 조목조목 지적해주면 긴장하며 들을 수밖에 없는 것처럼 말이다. 여기에 구체적인 사례와 비유를 덧붙이면 메시지 전달력은 더욱 높아진다.

다른 사람을 설득할 때도 마찬가지다. 서로 생각이 어느 정도 달라야만 집중력이 높아지고, 소통 역시 깊어진다. 생각이 똑같다면 설득하고 말고 할 것도 없기 때문이다. 심리학에서는 이를 '격차효과^{Discrepancy Effect}'라고 한다.

전달하려는 메시지가 그것을 받아들이는 사람의 생각과 다를수록 수용 압력 및 전달 효과 역시 커진다. 결국, 서로의 입장 차이가 대화와 소통을 가능하게 하는 연결고리인 셈이다. 이를 이해한다면 상대와의 생각 차이가 더는 난공불락의 성벽으로만 느껴지지는 않을 것이다.

/// 생각이 어느 정도 달라야만 소통 역시 깊어진다

물론 격차 효과에도 한계는 있다. 입장 차이가 웬만해야 대화도 되고 설득도 하는 법인데, 그 간극이 너무 벌어지면 대화나 설득이 전혀 먹히지 않기 때문이다.

지나치게 생뚱맞거나 도저히 받아들일 수 없는 파격적인 제안은 전달력이 급격히 떨어질 뿐만 아니라 상대 역시 전혀 들으려고 하지 않는다. 또한, 일방적으로 자기주장만 강요할 경우 거부감만 생길 수 있을 뿐만 아니라 만인의 기피 대상이 된다. 그 대표적인 예를 정치에서 자주 볼 수 있다. 간간이 '폭탄선언'이나 '깜짝쇼'라는 단어가 우리 이목을 사로잡곤 하지만, 대부분 파격에 머물 뿐 공감을 얻지는 못한다. 전달하려는 메시지가 국민의 생각과 너무 동떨어진 것이 많기 때문이다. 파격도 적당히 해야지 너무 잦으면 싫증이 날 수밖에 없다.

KEY POINT

서로 생각이 어느 정도 달라야만 집중력이 높아지고, 소통 역시 깊어진다. 그러니 원활한 커뮤니케이션을 하려면 상대의 수준을 고려해서 적당히 차이가 나는 메시지를 던져라. 서로의 처지와 생각이 다름을 인정하고 조급해하지 않는 것, 그것만으로도 충분히 상대의 마음의 문을 열 수 있다.

일단 맞장구부터 쳐라

/// 사람을 움직이려면 상대가 듣고 싶어하는 이야기를 해라

낚시 마니아인 김 부장은 사람들만 만나면 무조건 낚시 이야기부터 꺼낸다. 얼마나 큰 물고기를 낚았는지부터 시시콜콜한 낚시 정보는 물론 낚시는 물고기를 낚는 것이 아니라 세월을 낚는 것이라는 진부한 낚시 철학까지 들먹이며 낚시 얘기에 열을 올린다. 문제는 친구들은 물론 처음 본 고객, 낚싯대를 잡아본 적도 없는 여직원에게까지 그런 이야기를 한다는 것이다.

그런 김 부장이 착각하고 이는 것이 있다. 물고기를 잡을 때는 자신이 좋아하는 삼겹살이나 냉면이 아니라 물고기가 좋아하는 지렁이나 떡밥을 사용하는 것을 당연하게 생각하면서도 대화에서는 상대가 좋아하는 미끼를 사용하는 것이 얼마나 중요한지 모르고 있기 때문이다.

물고기를 잡으려면 물고기가 좋아하는 미끼를 써야 하듯 좋은 인간관계를 만들기 위해서는 상대가 좋아하는 말을 해야 한다. 실제로 정규학교라고는 4년밖에 다니지 못한 '강철왕' 앤드루 카네기[Andrew Carnegie]는 '사람을 움직이는 유일한 방법은 그들이 원하는 것을 이야기하는 것'이라는 깨달음을 실천으로 옮겨 성공했다.

/// 공감 속에는 서로를 끌어당기는 힘이 있다

우리는 항상 다른 사람들이 자신의 감정이 어떤 상태인지 알아주고, 자신의 감정에 맞춰주기를 원한다. 그러나 인간관계를 돈독히 하려면 내 감정이 소중하듯 상대의 감정에도 관심을 두고 공감해줘야 한다.

남들과 유난히 빨리 친해지는 사람이 있는가 하면 남들과 사귀는 속도가 매우 더딘 사람도 있다. 또한, 사람을 수박 겉핥기로만 사귀는 사람이 있는가 하면, 한 명이라도 깊이 사귀는 사람도 있다. 남들과 빨리 친해지는 사람은 상대와 공감하는 능력이 탁월하고, 깊이 사귀는 사람은 공감을 유지하고 관리하는 능력이 뛰어나다고 할 수 있다.

로버트 허드첵[Robert J. Hudecek]은 배스킨라빈스[Baskin Robbins]에서 16년간 사장으로 일했는데, 그를 만나는 사람들은 늘 똑같은 질문을 했다.

"그 많은 아이스크림 중에서 무슨 맛을 가장 좋아하세요?"

그때마다 그는 대답 대신에 상대에게 똑같은 질문을 하곤 했다.

"당신은 어떤 아이스크림을 가장 좋아하십니까?"

그러고는 상대가 어떤 아이스크림을 말하건 "나도 그것을 가장 좋아합니다."라고 했다. 자신이 좋아하는 아이스크림을 말하는 대신 같은 질문을 함으로써 상대에게 관심을 두고, 그들의 의견에 적극적으로 공감한 것이다. 그래서인지 그를 만나면 누구나 기분이 좋아졌다.

최근에 참석한 모임을 떠올려보라. 처음 본 사람 중 가장 마음에 드는 사람은 누구였는가. 혹시 당신이나 당신의 가족, 당신이 하는 일에 관심을 두고 당신의 말에 공감해준 사람은 아니었는가.

이렇듯 바람직한 관계의 바탕에는 항상 공감이 있다. 공감 속에는 '나'와 '너'를 연결하고, '하나'라는 생각을 바탕으로 서로 성장할 수 있게 끌어당기는 힘이 깃들어 있다.

사람의 뇌를 연구하는 뇌신경생리학자들에 의하면, 사람의 뇌에는 공감에 반응하는 신경세포와 신경체제가 있다고 한다. 거울뉴런과 거울뉴런체계가 그것인데, 이 신경세포는 자기 몸에서 일어나는 반응을 관찰하고 느낄 뿐만 아니라 마치 거울처럼 다른 사람에게서 비슷한 일이 일어날 때도 재빨리 알아채고 반응하는 능력을 갖추고 있다. 이것이 바로 다른 사람과 같은 느낌, 같은 생각, 같은 체험을 할 수 있는 공감의 생리적 근거인 셈이다. 전혀 다른 두 사람이 짧은 만남에서도 서로를 이해하고 소통하는 것이 가능한 이유가 바로 여기에 있다.

/// '괜찮은 사람'이 '고마운 사람'이 되려면

공감하려면 상대의 온도에 맞춰야 한다. 온도를 맞추는 대화 방법에는 '백트래킹Backtracking'이 있다. 이는 상대의 행동이나 말처럼 겉으로 드러난 감정을 알아주고 이해하는 일종의 경청법으로, 상대의 대화를 듣고 '내가 당신의 말을 잘 듣고 있다.'라고 확인해주는 기법이다. 예컨대,

고객이 밑도 끝도 없이 "요즘 아이들 가르치려면 정말 돈도 많이 들고 신경 쓸 게 너무 많아요."라고 말했다고 하자. 그러면 당신은 자녀가 없더라도 "맞아요. 신경 쓸 게 너무 많죠."라는 식으로 상대의 말을 그대로 정리하고 상대가 느끼는 감정에 적극적으로 동의해야만 공감대를 형성할 수 있다.

백트래킹만으로도 사람들은 상대가 자기 생각에 공감하고 있음을 확인하고 충분히 즐거움을 느낄 수 있다. 여기서 한 발 더 나가려면 상대가 표현하지 않은 숨겨진 마음까지 알아줘서 상대를 깊이 이해하고 있음을 확인해줘야 한다. 이를 '캘리브레이션^{Calibration}'이라고 하는데, 상대의 표정이나 몸짓이나 숨결 등을 통해 그 사람의 상태를 파악해 마음속에 숨겨진 메시지를 읽어내고 그 감정에 적극적으로 동의하는 것을 말한다. 예컨대, 앞서 말한 사례를 캘리브레이션 하면 상대의 피곤한 표정을 들여다보고 난 뒤 "신경 쓸 게 여러 가지라 매우 피곤하시겠어요."라고 말할 수 있다.

백트래킹만 잘해도 당신은 상대의 말을 잘 들어주는 '괜찮은 사람'이 될 수 있다. 여기에 심층적 공감까지 표현하면 상대의 감정을 잘 알아주는 '고마운 사람'이 된다. 누군가에게 두고두고 만나고 싶은 소중한 존재가 되는 것이다.

KEY POINT

《어휘력이 교양이다》의 저자 메이지대학 사이토 다카시齋藤孝 교수는 대화 중 '난 감한' 단어를 듣게 되면 "선배나 상사 등이 한 말을 그대로 따라 하는 게 최선"이 라고 말한다. 대화 중에 처음 듣는 단어가 나오면 앵무새처럼 그대로 따라 하라 는 것이다. 예컨대, 상대가 "저는 '로지컬 씽킹'이 잘 안 돼서 고민이에요."라고 하면 "저도 요즘 '로지컬 씽킹' 때문에 고민이 많습니다."라고 하는 것이다.

상대의 말을 따라 하는 것은 상대의 말을 잘 듣고 있으며 존중한다는 뜻이다. 그 러니 상대 역시 전혀 싫어하지 않을뿐더러 오히려 친밀감을 느끼고 마음의 문 을 여는 효과를 누릴 수 있다.

　　　　　 내 이야기를 들려줘라

/// 사생활만큼 친근한 소재는 없다

비즈니스 미팅이건, 소개팅 자리건 간에 처음 만난 사람에게 잘 보여야 하는 건 똑같다. 그러다 보니 옷매무시를 가다듬고, 무슨 말을 건네야 할지 미리 작전을 짜곤 하지만, 일부러 멋지게 말하려다가 오히려 말이 꼬이고 분위기가 어색해지는 경우가 적지 않다. 그렇다면 어떤 말로 대화를 시작해야 상대에게 호감을 줄 수 있을까.

처음 만나는 사람들은 대부분 긴장한 상태에서 상대에 대한 경계심을 느추지 않는다. 그것을 풀려면 상대에게 친근함을 느끼게 하는 것이 중요하다.

미국에서 실시한 재미있는 실험이 하나 있다. 선거를 앞두고 라디오 방송에서 3명의 후보자를 각각 다음과 같이 소개했다.

첫 번째 후보는 주로 정치가로서 전문적 자질과 높은 학력, 사람 됨됨이를 소개했고, 두 번째 후보는 지금까지의 화려한 정치 경력 및 뛰어난 실력을 부각했다. 반면, 세 번째 후보는 자녀를 끔찍이 사랑하고, 파이프 담배를 즐겨 피우며, 매일 개를 데리고 산책을 한다는 등 사생활에 초점을 맞춰 소개했다. 과연 그들 중 누가 선거에서 승리했을까.

대부분 능력과 실력을 내세운 첫 번째 후보나 두 번째 후보가 쉽게 승리했을 것이라고 예상하기 쉽다. 하지만 실제 결과는 달랐다. 오로지 사생활만 소개한 후보자가 압도적인 승리를 거두었기 때문이다. 일반인과 다를 바 없는 후보자의 사생활이 유권자로부터 큰 호감을 얻었기 때문이다. 이를 심리학에서는 '프라이버시 이펙트$^{Privacy Effect}$'라고 한다. 이는 사람들에게 호감을 주려면 친근감을 느끼게 하는 것이 중요한데, 사생활을 이야기하는 것만큼 강력한 방법이 없음을 말해주고 있다.

물론 처음 만난 사람에게 지극히 사적인 얘기들을 늘어놓는 것은 조금 민망하기도 하고 불편하다. 자칫 가볍고 방정맞은 사람이라는 인상을 줄 수도 있기 때문이다. 더욱이 상대가 고지식하고 냉정할수록 개인사를 늘어놓는 것을 더욱 주저하게 된다. 하지만 발언 수위만 잘 조절하면 프라이버시를 드러내는 것이 첫 만남을 더욱 매끄럽게 하는 훌륭한 윤활유가 될 수 있다.

그렇다고 해서 처음 만난 사람에게 일기장을 줄줄 읊듯이 몇 시에 일어나 무슨 반찬을 먹고, 몇 시에 잠들었는지를 조목조목 나열할 필요는 없다. 그저 누구나 공통으로 느끼는 기본적인 이야기만 나누면 된다. 예컨대, 부모님의 건강에 관한 이야기나, 아이들에 관한 이야기는 사적이지만 누구나 공감하는 주제다.

감동적인 연설로 세계인의 이목을 사로잡은 바 있는 버락 오바마^{Barack Obama} 미국 전 대통령은 미 연방정부의 경기 부양안을 의회에 상정하면서 이에 반대하는 상원의원 4명을 개별 면담한 적이 있다. 추측건대, 의원들은 경기 부양안에 대한 협상 카드를 들고 백악관으로 향했을 것이 틀림없다. 그러나 오바마 대통령은 그들에게 경기 부양안에 관해서는 단 한 마디도 언급하지 않았다. 그저 가족의 안부를 묻고, 그들이 추진했던 캠페인에 관해 이야기했을 뿐이다. 그런데도 그들은 모두 미소를 띠며 백악관을 떠났고, 법안에 찬성표를 던짐으로써 법안이 통과되는 데 결정적인 역할을 했다.

이렇듯 국가의 핵심 정책을 논하는 자리에서건, 심심풀이 소개팅에서건 자신의 개인사를 이야기하는 건 소통에 있어 큰 힘을 발휘한다.

/// 상대의 감성을 건드려라

실제로 내가 아는 어느 세일즈맨은 가족에 관한 이야기를 해서 큰 계약을 성사시킨 바 있다. 당시 그가 추진한 계약은 몇 군데 경쟁사와 경합이 붙어서 성공 여부가 불투명했다.

어느 날 계약의 결정권을 가진 고객사 담당자와 미팅 후 대리운전으로 집까지 모셔다드리려고 함께 차를 타고 가는데, 마침 그 고객의 아이에게 전화가 걸려왔단다. 아이가 아이스크림이 먹고 싶으니 꼭 사 오라고 조르는 모양이었다. 하지만 아이스크림 가게가 문을 닫았을 시간이라 고객은 난감해하면서 아이에게 나중에 사주마고 달래며 전화를 끊었다.

그러자 지인은 무심결에 자기 아이 이야기를 꺼내면서 대화를 이어갔는데, 알고 보니 그 고객은 집에 도착할 때까지 아이 자랑하느라 정신이 없을 만큼 아이를 사랑했다.

그렇게 해서 고객을 모셔다드리고 집으로 돌아오는데, 마침 영업을 하는 아이스크림 전문점이 눈에 띄기에 가장 큰 아이스크림을 한 통 사서 고객의 집으로 다시 차를 돌렸다. 아이가 좋아서 펄쩍펄쩍 뛴 것은 물론 늦었다고 사양하는데도 들어와서 차나 한잔하고 가라고 붙잡는 바람에 차까지 얻어 마셨다고 한다. 그다음은 누구나 짐작이 가능할 것이다. 다음날 고객으로부터 계약하자는 연락이 왔고, 결국 큰 계약을 성사시킬 수 있었다.

어쩌면 밤새 술 먹는 영업보다 고객의 가족에게 신경 쓰는 영업이 훨씬 효과적일 수도 있다. 불콰해진 얼굴로 억지로 친분을 쌓는 것보다 상대의 감성을 건드리는 하이터치High-touch 접근법이 더욱 근본적이고 오래 유지되기 때문이다. 그래서 냉철한 논리보다 인간적 감성이 더 크게 어필하기도 한다.

1988년 미국 대통령 선거에서 '아버지 부시George Herbert Walker Bush'가 거둔 승리에는 그런 미묘한 감성이 큰 역할을 했다. 당시 부시와 민주당 후보 듀카키스Michael Dukakis는 사형제도에 관해 열띤 TV 토론을 했다. 사형 제도를 찬성하는 부시는 사형 제도를 반대하는 듀카키스에게 다음과 같은 질문을 던졌다.

"만일 당신의 사랑하는 아내 키티가 난폭하게 성폭행을 당한 끝에 살

해됐다면, 그래도 그 범인의 사형을 끝까지 반대하겠습니까?"

그러자 듀카키스는 이렇게 대답했다.

"그래도 사형에 반대합니다. 사형이 범죄를 억제한다는 증거는 어디에도 없으며, 범인을 사형에 처한다고 해서 키티가 살아 돌아오는 것도 아니지 않습니까."

TV 토론 결과는 듀카키스의 참패였다. 이 토론에서 사형 제도는 더 이상 핵심 이슈가 아니었다. 사형을 찬성하느냐 반대하느냐에 상관없이 시청자들은 듀카키스의 너무나 이성적인 태도에 반감을 드러내었기 때문이다.

사실 그가 민주당 대통령 후보로 공식 지명되었을 무렵, 그의 당선을 의심하는 사람은 거의 없었다. 그 TV 토론이 있기 직전에 실시한 여론조사에서 그는 부시를 54% 대 37%라는 압도적 차이로 앞서고 있었다. 그러나 대통령 선거에서 부시는 듀카키스를 여유 있게 따돌리고 41대 대통령에 당선되었다.

우리나라 대통령 선거에서는 이와 정반대 결과가 나오기도 했다. 16대 대통령 선거운동이 한창일 무렵, 민주당 노무현 후보는 장인의 빨치산 활동 경력으로 큰 위기를 맞았다. 레드 콤플렉스가 엄존하는 우리 현실에서 이는 선거에 중대한 영향을 미칠 수 있는 치명적인 이슈였다. 그때 노무현 후보는 "그럼 사랑하는 아내를 버리라는 말입니까? 아내를 버려야 정치를 할 수 있다면 차라리 정치를 버리겠습니다!"라며 맞불을 놓았다. 논쟁의 핵심을 '장인의 전력'에서 '아내에 대한 사랑'으로 한순간에 바꿔놓은 것이다. 이 발언으로 노 후보는 위기를 극복한 것은 물론 여성 유권자들의 전폭적인 지지를 덤으로 얻었다.

물론 이런 감성적 접근법에 대해 핵심은 없고 이미지로만 대결하는 것이라며 비판하는 목소리도 있다. 하지만 '소통'의 관점에서 본다면 이 전략은 충분히 타당하며 그 효과 역시 매우 탁월하다.

KEY POINT

친한 사람이나 좋아하는 사람, 또는 존경하는 사람에 관한 이야기를 들으면 마치 자기 일처럼 생각하고 동질감을 느끼게 된다. 친근감을 느끼기 때문이다. 그런 점에서 공식 회의나 비즈니스 미팅에서는 개인적인 이야기를 삼가는 경향이 있지만, 그런 자리일수록 친근한 분위기를 조성해서 서로의 마음을 열게 해야 한다. 특히 지금처럼 누구나 정보에 접근할 수 있고, 변화가 빠른 시대에는 기업이건, 개인이건 능력의 절대적 우위를 보장받기 어렵다. 이럴 때 인간적 친밀함은 우리가 내밀 수 있는 가장 확실한 카드가 되기도 한다.

인간적인
약점을 드러내라

/// 있는 그대로의 모습을 보여줘라

감성적인 접근을 시도할 때 사생활을 언급하는 것보다 더 강력한 방법이 있다. 일상사를 얘기하는 것을 넘어 자신의 결점을 솔직하게 보여주는 것이다.

미국 클리블랜드 주립대학교에서 이와 관련해서 재미있는 실험을 했다. 데이브와 존이라는 가상 인물을 설정하고 이력서와 자기소개서 등 취업 준비 서류를 만들어 여러 기업의 인사담당자들에게 누구를 뽑고 싶은지 물어본 것이다. 연구진은 같은 이력서에 거의 같은 내용의 추천서를 준비했는데, 차이점이 있다면 존의 추천서에는 '가끔 존과 함께 일하는 것이 힘들 때가 있다.'라는 문장을 추가한 것이 전부였다.

실험결과는 매우 흥미로웠다. 인사담당자 대부분이 다소 결점이 있는 존을 선택했기 때문이다. 일반적으로 자신의 결점을 감추려고만 애쓰는데 오히려 작은 결점은 솔직히 드러내는 것이 더 낫다는 것을 보여준 실험이었다.

다음은 애플의 전 CEO 스티브 잡스*Steve Paul Jobs*가 스탠퍼드대학교 졸업식장에서 한 연설의 일부다.

"이야기는 제가 태어나기 전으로 거슬러 올라갑니다. 제 생모는 대학원생인 젊은 미혼모였습니다. 그래서 저를 입양 보내기로 했지요. 어머니는 제 미래를 위해 대학을 나온 양부모를 원했습니다. 그래서 저는 태어나자마자 변호사 가정에 입양될 예정이었습니다. 하지만 변호사 부부는 마지막 순간에 여자아이를 입양하기로 마음을 바꿨습니다. 대기자 명단에 있던 제 양부모님은 한밤중에 이런 전화를 받았습니다. "예정에 없던 사내아이가 태어났는데 입양하시겠습니까?" 양부모님은 대답했습니다. "물론이죠." 그런데 양어머니는 대졸도 아니고 양아버지는 고등학교도 안 나온 터라 친어머니는 입양 동의서 쓰기를 거부했습니다. 몇 달 후 양부모님이 저를 대학까지 가르치겠다고 약속한 후에야 입양에 동의했습니다. 이것이 제 인생의 시작이었습니다."

/// 때로는 결점이 호감도를 상승시킨다

예전에는 겸손이 미덕이었지만, 지금은 유능하고 똑똑하며 노련한 사람으로 인식되려면 자기 PR이 필수다. 그러나 우리 주위에는 자신의 장점을 부각하는 게 지나친 나머지 호감은커녕 잘난 척한다는 인상만 심어주는 경우가 많다. 좋게 보이려다가 오히려 역효과만 생기는 셈이다.

그런 점에서 스티브 잡스의 선택은 현명했다고 할 수 있다. 그는 자신의 능력을 과시하는 대신 순탄하지 않았던 인생의 첫 순간을 진실하게 이야기함으로써 당대 최고 CEO라는 아우라에서 벗어나 '나와 다를 바 없는 사람이구나!'라는 친근함을 얻었기 때문이다.

자기 PR의 최대 난관은 호감과 유능함 사이에서 균형을 찾는 것이다. 유능한 사람이 되는 대신 호감을 잃을 수도 있기 때문이다. 사람들이 자기 능력을 떠벌리는 사람을 싫어하는 이유는 상대의 자랑을 듣다 보면 자신이 열등하게 느껴지거나 대화의 주도권을 상대가 독점하는 듯한 느낌을 받기 때문이다.

독일의 행동학자 칼 그라머Karl Grammer 박사가 이성 간의 매력도를 측정한 실험은 우리에게 중요한 시사점을 준다.

그의 조교는 서로 모르는 젊은 남녀를 방으로 데려간 뒤 비디오를 보고 평가를 해달라고 했다. 그런데 방에 들어가자마자 옆방에서 전화벨이 울려 양해를 구한 후 두 사람만 남겨둔 채 방을 나갔다. 그러고는 쌍방향 거울을 통해 방에 남은 남녀의 행동을 10분 동안 몰래 지켜보았다. 그렇게 모두 45쌍을 관찰한 결과, 많은 여성이 무의식적으로 상대 남성에게 이런저런 유혹 신호를 보냈다. 심지어 나중에 설문지에서 상대 남성을 매력적이지 않다고 평가했을 때도 예외가 아니었다. 여성들은 오직 한 가지 조건에서만 자동적인 유혹 프로그램을 중단했다. 상대 남성이 자기 자랑을 너무 많이 할 때였다.

잘났건 못났건 간에 사람은 누구나 장점과 결점을 갖고 있다. 상대 역시 당신에게 뭔가 결점이 있음을 안다. 그 때문에 사소한 흉과 허물은 너

그러이 넘어가 준다. 심지어 유능한 사람들의 경우 사소한 실수를 할 경우 호감도가 더 높아진다는 실험결과도 있다. 그러니 장점을 피력하는 만큼 작은 결점에 대해서도 터놓고 말하는 자세가 필요하다.

심리학에서는 진정한 친구 관계를 정의할 때 '상호 의존^{Interdependence}'의 기준을 적용한다. 그 핵심은 '서로의 약점을 보완해줄 만한 자원이 있느냐'의 여부다. 상대가 나의 약점을 알고, 나를 받아들일 때 장기적이고 돈독한 관계가 가능해진다. 그런 점에서 볼 때 인간적인 약점을 드러내는 행위야말로 '진정한 친구'를 얻고 싶은 욕구의 발로인지도 모른다.

KEY POINT

우리는 대부분 자신을 포장하거나 좋은 면만 보여주려고 한다. 가능한 한 자신의 부끄러움이나 아픔은 덮으면서. 그러나 사람들이 호응하는 것은 있는 그대로의 모습이다. 슬펐던 일, 부끄러웠던 일, 가슴 아팠던 일 등 자신의 모습을 있는 그대로 보여줘라. 그래야만 상대 역시 마음의 문을 연다.

말은 속일 수 있어도
눈빛은 속일 수 없다

/// 눈빛만 봐도 마음을 알 수 있다

어떤 TV 프로그램에 모 연예기획사의 해외 사무실이 소개된 적 있다. 실력 있는 가수를 발굴하는 프로그램이었는데, TV를 보던 중 사무실 곳곳에 걸린 CEO의 사진이 유독 눈에 들어왔다. 사무실을 둘러보던 진행자 역시 언급할 만큼 눈에 띄었다. 소속사 연예인들의 사진을 공수해오지 못해서 부득이하게 CEO 사진으로 도배(?)한 것이었는데, 커뮤니케이션 전문가로서 '직원들은 좀 부담스럽겠다.'라는 생각이 들었다.

"사람을 판단하는 데 눈동자보다 좋은 건 없다."

맹자의 말이다. 좋아하는 사람과는 눈빛만 마주쳐도 알 수 있고, 말하지 않고도 눈으로 다 이야기할 수 있다고 한다. 그래서 눈을 '마음의 창'이라고 하지 않던가. 이 말을 거꾸로 생각하면 눈은 서로를 고스란히 내비쳐서 그만큼 부담스럽다는 뜻이기도 하다.

영국 뉴캐슬대학교에서 흥미로운 실험을 했다. 연구팀은 교직원용

구내식당에 비치된 자율계산대를 이용하면서 사람들이 얼마나 정직하게 비용을 내는지를 관찰했다. 실험을 위해 커피, 우유, 차 등의 음료 종류와 가격을 붙인 메뉴판 위에 감시하는 의미를 담은 사람의 눈 사진을 일주일 동안 붙이고, 그다음 일주일 동안은 꽃 그림을 붙여놓았다.

실험결과는 연구팀을 깜짝 놀라게 했다. 사람의 눈 사진을 붙여놨을 때 걷힌 돈이 꽃 그림을 걸어놨을 때 걷힌 돈의 2.8배에 달했기 때문이다. 실험을 주도한 멜리사 베이트슨^{Melissa Bateson} 박사는 실제 사람이 아닌 단순히 그림이나 사진만으로도 사람들의 행동에 큰 영향을 미친다는 사실을 확인했다고 했다. 인간의 뇌가 그림으로 된 다른 사람의 시선이나 얼굴을 보고도 무의식적으로 반응한다는 것이다.

생각건대, 이를 응용해 교차로나 주차금지 구역에도 단속 카메라가 아니라 사람 눈 사진을 붙여놓거나, 쓰레기 무단투기 장소 및 범죄가 자주 발생하는 장소에 눈 사진을 붙여놓는다면 매우 의미 있는 결과가 나오지 않을까 싶다. 당장 당신의 사무실에 사장님의 눈 사진이 걸린다고 생각해보라. 나는 개인적으로 아이가 컴퓨터 게임을 많이 해서 걱정인데, 앞으로 컴퓨터 위에 내 눈 사진을 붙여놓으면 어떨까 고민하게 만든 실험결과였다.

이처럼 눈의 영향력은 절대적이다. 눈은 인간의 오감 가운데 가장 예민한 감각기관으로, 감각 영역의 약 70%를 차지한다. 그래서 옛말에 "말은 속일 수 있어도 눈빛은 속일 수 없다."라고 했는지도 모른다. 결국, 눈빛을 보면 상대의 속내를 그만큼 많이 알 수 있다는 뜻일 것이다.

우리가 상대의 눈에 집중해야 하는 이유가 바로 여기에 있다. 그렇다면 상대의 눈빛에서 우리는 무엇을 읽을 수 있을까.

/// 시선 속에 숨겨진 진심을 읽어라

재미있는 실험을 하나 해보자. 지금 바로 옆사람에게 테스트해도 좋다.

먼저 상대에게 어릴 적 살던 집의 지붕이나 천장의 벽지 무늬를 물어보라. 어떤 반응을 보이는가? 아마 대부분 "글쎄? 오래돼서 생각이 잘 안나는데?"라며 눈동자가 위로 향할 것이다.

상대의 시선이 위로 향하는 것은 시각적인 어려움을 겪고 있다는 것으로, 이는 상대의 말이 이해되지 않아서 머릿속에 그림이 잘 그려지지 않는다는 것을 의미한다. 따라서 대화 도중 상대의 눈동자가 자꾸 위를 향한다면 좀 더 쉽게 풀어주거나 이해를 돕게끔 그림을 그려가면서 설명해주는 것이 좋다.

이번에는 초등학교 4학년 때쯤 자주 불렀던 동요나 유행가를 불러보라고 해보자. 상대는 아마 이번에도 "음, 뭐더라? 글쎄…"라며 말끝을 흐릴 것이다. 이때 상대의 눈은 어디를 향할까. 아마 그의 눈동자는 주로 옆으로 많이 움직일 것이다.

옆으로 향하는 시선은 당사자가 청각적인 불편을 느낀다는 것을 의미한다. 그런데 청각적 불편이 비단 노래가 기억나지 않는 것에만 적용될까. 실제로 이런 시선 처리는 상대의 말투가 마음에 들지 않을 때 흔히 나타난다.

컴퓨터 게임을 오래 한다고 아들을 나무랄 때마다 나는 이런 시선을 보곤 한다. 시시콜콜 이어지는 아내의 잔소리를 들을 때 내 시선 또한 다르지 않을 텐데, 이때는 아예 고개까지 돌아가는 것 같다. 따라서 대화 도중에 상대의 눈동자가 자꾸 좌우로 향한다면 말의 톤을 바꿔보는 것이 좋다. 강하게 말하던 사람은 다소 조용하고 부드럽게, 천천히 단조롭게 말하던 사람은 중요한 지점에서 강하고 빠르게 말하는 등의 변화를 주면 효과적으로 의사를 전달할 수 있다.

이번에는 아주 지루한 회의 때 주로 어디를 보았는지 떠올려보라고 하자. 당연히 아래쪽이다. 사람의 시선이 아래로 향하는 것은 대개 분위기를 불편해하거나 다른 생각에 골몰하고 있다는 방증이다. 즉, 지금의 분위기가 마음에 들지 않고, 상대의 말을 듣고 싶지 않아 다른 생각에 빠져 있다는 뜻이다. 따라서 이럴 때는 자리를 옮기거나 분위기를 바꾸는 것이 좋다. 예컨대, 데이트 때 상대 여성이 계속 눈을 아래로 내리깔고 있다면 자리를 옮기거나 "잠깐 걸을까요?"라며 분위기를 전환하는 센스가 필요하다.

심리 치료를 받은 사람들의 임상 사례를 모아 분석한 결과에 따르면, 눈동자의 이동에는 일정한 패턴이 있다고 한다. 이를 평상시 대화를 나누며 상대의 마음을 파악하는 데 활용해보자.

● 눈이 왼쪽 위를 향하면 과거의 체험 또는 예전에 본 풍경을 떠올리고 있는 것이다.

- 눈이 오른쪽 위를 향하면 지금까지 본 적이 없는 광경을 상상하는 것이다.
- 눈이 왼쪽 아래를 향하면 청각에 관한 이미지(음악 및 목소리)를 생각하는 것이다.
- 눈이 오른쪽 아래를 향하면 신체적인 이미지(육체적인 고통)를 생각하는 것이다.

KEY POINT

눈의 메시지를 읽기는커녕 눈도 마주치지 못하는 사람들이 있다. 심지어 가장 친한 친구와 얘기할 때도 어깨 언저리만 본다. 시선을 회피하는 것은 자신을 자신감 없는 사람, 무례한 사람이라고 광고하는 것과 다를 바 없다. 아무리 수줍음이 많더라도 첫 만남에서만큼은 반드시 상대와 눈을 맞춰야 한다. 내가 먼저 반갑게 시선을 보내면 상대 또한 친근한 눈웃음으로 화답하는 것은 물론 내게서 절대 시선을 떼지 않는다.

미소가
당신을 더 빛나게 한다

고속도로 갓길에 차가 한 대 멈춰 있고, 그 옆에 100m 앞에서도 눈에 띌 만한 미인이 난감한 얼굴로 서 있다. 차에 문제가 생긴 듯하다. 그런데 도와주는 사람은커녕 멈춰 서는 차 한 대 없다. 과연, 어떻게 된 일일까.

/// 매력은 외모가 아닌 몸짓이 결정한다

"어떤 사람이 이상형이에요?"

40~50대 독자들이 20대였을 때 이런 질문을 받았다면 웬만큼 솔직하지 않고서야 '예쁜 사람'이라고 답하기 어려웠을 것이다. 빈말이라도 "글쎄, 얼굴 뜯어먹고 살 것도 아닌데, 결국 마음이 중요하지 않겠어요?"라고 답하는 게 정석이었다. 하지만 요즘은 다르다. '못된 건 용서해도 못생긴 건 용서가 안 되는' 외모지상주의 시대 아닌가. 심지어 외모에 대한 차별이 법으로 금지된 직원 채용에서도 외모가 당락에 큰 영향을 미치는 것이 엄연한 현실이다. 외모 자체가 대단한 경쟁력이 된 것이다.

외모는 사람들의 결정에 큰 영향을 미친다. 잘생긴 외모는 대통령 선거나 국회의원 선거에서도 적지 않은 힘을 발휘한다. 비단 선거뿐만이 아니다. 재판과정에서도 피의자의 외모가 판결에 중요한 역할을 한다는 연구결과가 많다. 실례로, 미국 펜실베이니아에서 열린 재판 자료를 보면 꽤 놀랍다. 남성 피의자 74명의 신체적 매력을 재판 초기에 측정한 후 판결 결과를 조사했더니, 외모가 매력적인 피의자들의 무죄 선고율이 그렇지 않은 피의자들보다 2배나 높았다. 똑같은 범죄를 저질러도 잘생긴 사람은 가벼운 벌을 받는 것이다.

하지만 여기에는 숨겨진 함정이 있다. 외모에서 발산되는 매력이 얼굴과 몸매만을 뜻하지는 않는다는 것이다. 오히려 진정한 매력은 겉으로 드러나는 외모보다는 보이지 않는 대화를 얼마나 잘 이용하느냐에 따라 결정된다. 이와 관련해서 미국 한 방송사에서 몰래카메라 실험을 한 적이 있다. 앞에서 잠깐 언급한 고속도로 갓길로 다시 가보자.

현기증이 날 만큼 아름다운 금발미인이 기름이 바닥난 승용차와 함께 고속도로 갓길에 서 있다. 이윽고 지나가던 승용차와 트럭들이 멈춰 서기 시작했다. 남성들은 어려운 처지에 있는 미인을 도와주기 위해 사고 위험을 무릅쓰며 4차선을 넘나들었다. 그 가운데 몇몇은 누가 그 미인에게 휘발유를 공급할 행운아가 될 것인지를 놓고 싸우기까지 했다. 여기까지는 우리가 익히 예상할 수 있는 그림이다.

그런데 또 다른 갓길에도 한 여성이 서 있다. 그녀 역시 앞의 여성만큼

출중한 미모에 옷도 똑같았고, 차가 고장 난 상황도 똑같았다. 하지만 남성 운전자들이 보인 반응은 전혀 달랐다. 그냥 씽씽 지나칠 뿐이었다. 한두 대가 속도를 줄이긴 했지만, 그녀를 보고는 곧 꽁무니를 뺐다. 한참 뒤차 한 대가 멈춰 섰지만, 운전자는 어디로 가면 휘발유를 구할 수 있는지만 알려주고는 다시 갈 길을 재촉했다.

이렇게 다른 반응이 나타난 이유는 과연 뭘까. 나중에 비디오테이프를 보여주었을 때도 남성들의 선호도는 크게 다르지 않았다. 그 비밀은 바로 미모의 차이가 아니라 보이지 않는 대화를 얼마나 적극적으로 활용했는가의 차이에 있었다.

많은 남성의 도움을 끌어냈던 첫 번째 여성은 지나가는 차를 향해 미소를 지었다. 그리고 머리를 쳐든 채 어깨를 뒤로 젖히고 가슴을 앞으로 내밀었다. 표정도 행복하고, 장난기 가득하면서 자신감에 차 있었다. 한 마디로 아름다웠다. 그러나 두 번째 여성은 낙담한 표정으로 차에 기대고 있을 뿐, 지나가는 차는 아예 쳐다보지도 않았다. 잔뜩 구겨진 표정에 팔짱을 낀 그녀에게서 자신감이라곤 찾아볼 수 없었다. 한 마디로 불행해 보였다.

세인트루이스웹스터대학교 심리학 모니카 무어[Monica Moor] 교수 역시 현장실험을 통해 이와 비슷한 결과를 얻었다. 그녀는 오랜 관찰을 통해 여성의 유혹적인 신호만으로도 남성이 그녀에게 접근할지 안 할지를 거의 정확히 예측할 수 있게 되었다.

그녀의 연구에 따르면, 여성의 외모는 유혹과 그다지 상관없다고 한다. 우리가 일반적으로 추측하듯이 남성들이 아름다운 여성에게만 특별히 말을 걸지는 않는다는 것이다. 결정적인 요소는 오로지 여성이 보내는 유혹 신호, 즉 흘깃 바라보는 시선과 가벼운 미소, 고개를 비스듬히 기울이거나 손으로 머리를 쓸면서 고개를 뒤로 젖히는 동작 횟수였다. 그런 신호를 많이 보낼수록 남성을 유혹할 확률이 높았다.

/// 미소는 가장 효과적인 커뮤니케이션 기술

"동물은 미세한 몸짓 신호를 읽어내는 능력이 매우 뛰어나다. 그것이 살아남는 유일한 방법이기 때문이다."

동기유발 분야 세계적인 컨설턴트 데이비드 프리맨틀David Freemantle 박사의 말이다.

사람 역시 이와 크게 다르지 않다. 우리는 대화를 하면서 상대의 보이지 않는 메시지까지 읽어내려고 애쓴다. 즉, 대화 내용만으로 상대를 판단하는 게 아니라 자신감 있는 자세나 우아한 제스처, 열정 가득한 태도 같은 보이지 않는 요소를 더 중요하게 고려하는 것이다.

미국 사회심리학자인 앨버트 멜라비언Albert Mehrabian 박사의 연구에 따르면 일반적으로 메시지의 55%는 신체를 통해 전달되며, 그 대부분은 얼굴에 나타난다고 한다. 따라서 메시지를 정확히 전달하려면 다양하고 풍부한 표정이 필수다. 특히 미소는 가장 효과적인 커뮤니케이션 기술이다. 실례로, 대화 시 우리가 짓는 미소에는 '당신이 좋아요.', '당신과 함께 있어서 즐거워요.', '만나서 반가워요.'라는 세 가지 의미가 담겨 있다고 한다.

사람은 도움을 청하거나 상대가 자신을 좋아해주기 바랄 때 더 많이 웃는다는 연구결과도 있다. 실제로 웃음은 그 자체로 주목 효과가 있다. 상대가 미소 짓고 있으면 보는 사람 역시 무의식적으로 기분이 좋아질 뿐만 아니라 따라 웃게 되기 때문이다. 이와 같은 거울 현상은 단지 표정으로만 끝나는 것이 아니라 마음속 공감대 형성으로 이어진다. 침울한 얼굴은 보기만 해도 기분이 처진다. 하지만 환하게 웃는 얼굴은 보고만 있어도 기분이 좋아진다. 감정이 전염병처럼 옮는 '정서적 전염Emotional Contagion'이 일어나기 때문이다.

웃음에 더해 대화 내용에 따라 표정을 변화하는 것 역시 중요하다. 자연스럽게 미소를 짓다가도 중요한 내용에서는 다소 냉정한 표정을 지어라. 긍정적인 대목에서는 한층 화려한 미소를 지어 대비를 보일수록 효과적이다.

/// 말할 때 적당한 동작을 곁들여라

부드러운 표정과 함께 몸짓으로도 호감을 얻을 수 있다. 가장 중요한 것은 강한 자신감을 보여주는 것이다. 자신감은 몸의 자세로도 나타낼 수 있는데, 어깨를 뒤로 젖히고 고개를 약간 위로 당기면 보기에도 반듯하고 감정에도 긍정적인 영향을 미친다.

안정적인 호흡과 목소리는 바른 자세에서 나온다는 사실 역시 잊지 말아야 한다. 고객이나 상사를 대할 때는 물론 전화통화를 할 때도 바른 자세를 유지하라. 의자에 비스듬히 기대서 하는 통화는 아무리 내용이 공손해도 나른하고 무례하게 느낌을 준다. 자세가 목소리 톤에 미세한 영향을 미치기 때문이다.

이와 함께 대화할 때는 적당한 움직임을 곁들이면 더 좋다. 특히 우리나라 사람들은 매우 경직된 자세로 얘기하는 경우가 많은데, 적당한 움직임은 상대의 흥미를 높일뿐만 아니라 경청을 유도하니 적극적으로 활용할 필요가 있다. 또한, 숫자나 부피, 분량 등을 표현할 때 손동작을 활용하면 보다 분명하게 뜻을 전할 수도 있다. 반면, 주머니에 손을 넣거나 등 뒤에서 손을 맞잡거나 팔짱을 끼는 행동, 상대를 향해 손가락질하는 것은 혐오감을 주니 유의해야 한다.

KEY POINT

감정은 쉽게 전염된다. 심리적으로 불안한 사람과 함께 있으면 자신도 모르게 불안한 생각이 들고, 밝고 긍정적인 사람 옆에 있으면 덩달아 밝고 긍정적으로 변하는 것도 그 때문이다. 대화에서도 이 법칙이 그대로 적용된다. 침울한 얼굴은 쳐다보기만 해도 기분이 처지지만, 환하게 웃는 얼굴은 보고만 있어도 기분이 좋아진다. 어떤 사람에게 마음의 문을 열지는 고민하지 않아도 알 수 있다.

따뜻한 차 한 잔의 효과

/// 음식을 잘 활용하면 상대를 내 편으로 만들 수 있다

김수현 작가는 자타공인 대한민국 최고 드라마 작가다. 일상에 대한 치밀한 관찰에서 나오는 그녀의 통찰은 매번 사회적으로 큰 이슈가 될 정도다. 그런 '김수현 드라마'에서 유난히 도드라지는 장면이 하나 있다. 바로 가족들이 함께 식사하는 밥상머리 풍경이다. 드라마 평론가인 윤석진 충남대 교수가 "김수현 드라마의 매력 중 하나는 가족 밥상머리를 실감 나게 표현하는 것"이라고 할 정도다. 가족이라는 이름으로 묶여 있지만, 자라온 시대도 환경도 제각각, 당연히 생각도 천차만별인 사람들이 유일하게 소통하는 자리가 바로 밥상머리임을 작가가 간파한 결과다.

밥을 함께 먹고 음식을 대접한다는 것은 기본적으로 상대를 소중히 여긴다는 뜻을 내포하고 있다. 그런데 음식을 잘 활용하면 따뜻한 느낌을 전하는 수준을 넘어 상대를 내 편으로 확실히 만들 수도 있다. 실제로 커뮤니케이션과 음식은 굉장히 밀접한 상관관계가 있다. 심리학에서도 음식이 설득에 미치는 효과를 인정하고 있다.

미국 예일대학교 교수이자 사회심리학자인 어빙 재니스$^{Irving\ Janis}$는 참가자를 두 그룹으로 나눈 후 신문기사에 나온 문장을 나눠주고 그것을 읽게 했다. 이때 한 그룹은 땅콩을 먹거나 콜라를 마시면서 읽게 했고, 나머지 한 그룹은 아무것도 주지 않았다. 그들이 읽은 기사는 '암 치료는 몇 년 후에 가능해지는가?'라는 제목으로 실험집단이 전혀 흥미로워하지 않는 매우 딱딱한 내용이었다.

실험 결과는 매우 놀라웠다. 땅콩을 먹거나 콜라를 마시며 기사를 읽은 그룹은 아무것도 먹지 않은 그룹에 비해 기사의 견해에 찬성하는 비율이 훨씬 높았다. 뭔가를 먹는 것만으로도 주제에 대한 동조 효과가 나타난 것이다. 암 치료와 관련된 기사가 특별히 식욕을 돋울 리도 없는데, 어떻게 그런 결과가 나왔을까.

사람은 뭔가 먹으면서 이야기하면 더 쉽게 상대의 의견을 받아들이고, 더 빨리 설득당하는 경향이 있다. 좋은 인간관계를 만들거나 상대를 설득하려면 맛있는 음식을 권하거나 함께 먹는 것이 효과적이라는 뜻이다. 콩 반쪽도 나눠 먹으라던 옛 어른들의 당부가 단지 박애정신의 발로만은 아닌 것이다.

굳이 심리학자의 실험결과를 거론하지 않더라도 맛있는 음식을 함께 먹으면서 이야기를 나누다 보면 분위기가 좋아지는 것을 우리는 경험을 통해 잘 알고 있다. 하지만 편하지 않은 사람과는 절대 한 자리에서 음식을 먹지 못하는 사람도 있다. 그런 사람들에게는 부디 차라도 함께하라고 조언하고 싶다. 특히 상대와 우호적인 관계를 유지하고 싶을수록 반드시 그래야만 한다.

일단, 음식을 함께 먹게 되면 긴장이 풀린다. 사람을 대면할 때의 긴장감은 처음에 가장 높았다가 시간이 지나면서 조금씩 떨어지는데, 음식은 긴장감을 훨씬 빠른 속도로 떨어뜨린다. 긴장 수준이 낮아지면 그만큼 대화하기가 쉬워지고, 쉽게 설득할 수 있다. 따라서 까다로운 협상이나 설득을 앞두고 있다면 상대가 좋아하는 음식을 미리 파악해 준비하는 것이 좋다. 음식이 당신에 대한 좋은 느낌을 강화하는 훌륭한 매개체 역할을 하기 때문이다.

/// 세일즈는 상대가 배부를 때를 노려라

만일 당신이 세일즈맨이라면 신규고객을 언제 방문하겠는가? 노련한 세일즈맨들은 주로 점심 직후를 공략한다. 아침에는 뇌가 가장 활성화되어 있기 때문에 아무리 설득한들 고객의 냉철한 이성적 판단을 당할 재간이 없다. 또한, 저녁에는 몸과 마음이 지쳐서 만사가 귀찮기에 어떤 말에도 귀담아듣지 않는다. 하지만 점심 후에는 포만감으로 인해 하루 중 가장 느긋하고 관대해져서 설득하기가 한결 쉽다. 〈동물의 왕국〉 같은 다큐멘터리만 봐도 이를 알 수 있다. 사자들은 먹이를 다 먹고 나면 아무리 옆에 가서 얼쩡거려도 공격하지 않는다. 포식의 만족감이 모든 것을 압도하기 때문이다.

지인 중 한 사람은 고객을 방문할 때 일부러 출출한 오후를 택해 간단한 간식거리를 들고 찾아간다고 한다. 아무래도 출출한 시간에 간식을 보면 사람들이 모여들게 되어 여러 명을 동시에 방문하는 효과가 있기 때문이라는 것이 그의 주장이다.

/// 화가 난 사람에게는 뜨거운 커피가 특효약

"여기 책임자가 누구야? 당장 나오라고 해!"

제품이나 서비스에 불만을 품은 고객이 매장에 찾아와서 항의하는 경우가 더러 있다. 만일 이때 제대로 응대하지 않으면 더 큰 화를 부를 수 있다. 휴대전화 서비스에 불만을 품은 한 남성이 벤츠를 몰고 해당 기업 본사에 돌진한 사건을 기억할 것이다.

고객 클레임은 초기에 제대로 대응해야 한다. 그렇다면 고객의 화를 가라앉히려면 어떻게 해야 할까.

우선, 조용한 곳으로 데려 가서 화를 가라앉혀야 한다. 문제는 그게 말처럼 쉽지 않다는 것이다.

보통 화난 사람에게 시원한 냉수나 음료를 권하면서 진정하라고 하는데, 실제로는 단번에 마시고 더 화를 내는 경우가 다반사다. 그럴 때는 아주 뜨거운 커피가 좋다. 그것도 종이컵에 따라 주면 금상첨화다. 얼핏 상식에 맞지 않는 것 같지만, 여기에는 다 이유가 있다. 뜨거운 커피를 받으면 일단 화가 나서 머리끝에 가 있던 신경이 뜨거운 손으로 돌아온다. 또한, 뜨거운 커피를 마시려면 호호 불어서 식혀야 하므로 자연스럽게 심

호흡을 하게 되고, 그러는 동안 화가 반쯤 풀리게 된다.

이처럼 음식은 갈등을 중재하는 데도 유용하다. 긴장이 극에 달한 격렬한 토론을 벌일 때 어떻게 하면 음식으로 분위기를 부드럽게 만들 수 있을까. 괜히 잘못했다 체하는 건 아닐까. 토론이 격렬할 때는 일단 입을 다물게 하는 것이 상책인데, 입안에 음식물이 있으면 말하기가 힘들어져서 격렬한 토론을 할 수 없게 된다. 혹 입에서 음식물이 튀어나올까 봐입을 크게 벌리지 못하고 조심하기 때문이다.

/// 차가운 음식은 사람을 냉정하게 ㅍ

뜨거운 음식은 화를 가라앉히는 것은 물론 대화 자체를 즐겁게 한다. 음식의 뜨거운 온도가 사람을 온화하게 하기 때문이다. 차가운 음식은 말 그대로 사람을 차갑게 만든다.

미국의 교육학자 존 바지John D. Barge 박사는 실험을 통해 따뜻한 물건과 차가운 물건이 판단력에 미치는 영향을 증명하였다. 그의 조교는 실험 참가자들을 엘리베이터로 실험실까지 안내하면서 각각 얼음이 든 콜라잔과 뜨거운 커피잔을 잠시 들어달라고 했다. 실험실에 도착한 실험 참가자들에게 조교는 처음 보는 누군가를 소개하면서 느낌이 어떤지를 물었고, 만일 당신이 사장이라면 방금 본 그 사람을 정규직 직원으로 채용하겠느냐고 물었다. 그 결과, 차가운 물건을 들었던 사람들은 뜨거운 물건을 들었던 사람들보다 냉담하게 반응하며 직원으로 채용하지 않겠다고 답했다. 그 이유를 심리학에서는 '사고 주입Thought Insertion'으로 설명하는

데, 이는 어떤 생각이나 느낌이 무의식적으로 우리의 생각이나 느낌에 영향을 주는 것을 말한다. 따라서 이를 역으로 활용한다면 까다로운 사람들과도 쉽게 교감할 수 있다. 예컨대, 초콜릿을 나눠 먹으며 대화를 나누는 것도 좋은 방법이다.

몇 년 전 미국 매사추세츠 노스이스턴대학교 심리학자들이 흥미로운 실험결과를 발표했다. 마음에 드는 이성에게 초콜릿을 자주 먹이라는 것이었다. 그 이유는 초콜릿에 들어 있는 페닐에틸아민이라는 성분이 이성을 사랑에 빠지도록 유인하기 때문에 상대가 훨씬 아름다워 보인다는 것이다. 모든 인류의 영원한 화두인 사랑의 감정조차 초콜릿에 영향을 받는다니, 사람 관계에 음식이 얼마나 큰 힘을 발휘하는지 짐작할 수 있다.

KEY POINT

미리 주입된 정보, 예컨대 TV에서 용감한 사람이 나와서 약한 사람을 돕는 장면을 접하고 난 뒤 누군가를 만나게 되면 평상시보다 상대를 용감한 사람으로 판단할 가능성이 높아진다. 그러니 반드시 결실을 맺어야 할 만남을 앞두고 있다면 상대를 공략할 전략을 짜기에 앞서 서로가 즐길 수 있는 음식에 관해 고민해 보는 것은 어떨까. 분위기도 훨씬 부드러워질 뿐만 아니라 협상이 쉬워지고, 입역시 즐거워질 것이다.

짧지만 강하고 오래 가는 첫인상의 기술

KEY POINT

우리는 평생 10만여 명의 사람과 만난다고 한다. 이 말은 결국 첫 만남이 10만 번이라는 것이다. 첫 만남은 인간관계에서 매우 중요한 의미가 있다. 누군가를 만나는 데 있어서 두 번째 인상이라는 것은 없기 때문이다. 단 한 번의 만남으로 끝날지, 평생에 걸친 인연이 될지는 첫인상에 달려 있다. 사랑에 빠지는 데 걸리는 시간이 불과 몇 초에 지나지 않는 것처럼, 그 사람에 대한 인상을 결정짓는 것 역시 한순간이다.

의사 두 사람을 선정해서 한 사람에게는 청바지와 티셔츠를 입히고, 다른 한 사람에게는 하얀색 의사 가운을 입혔다. 청바지를 입은 사람은 매우 뛰어난 실력을 갖춘 의사였고, 가운을 입은 사람은 평범한 의사였다. 그러나 대부분 사람은 가운 입은 의사의 말을 훨씬 더 신뢰하였다. 의사 가운이 의사로서의 권위를 심어주어 그 사람의 말도 더 믿게 한 것이다. 이런 결과가 나타나는 이유는 첫인상 효과와 이미지 효과IMAGE EFFECT 때문이다.

__ 이미지 효과, '똑같은 말도 누가 하느냐에 따라 다르다'에서

강력한 첫 3초의 힘

/// 첫 몇 마디가 그 사람의 이미지를 결정한다

재미있는 심리학 실험이 하나 있다.

사람들을 두 집단으로 나눈 후 한 방의 칠판에는 '무례한^{rude}'이라는 단어를 적어 놓고, 다른 방의 칠판에는 '공손한^{polite}'이라는 단어를 적어놓았다. 하지만 그것을 특별히 설명하거나 읽어보게 하지는 않았다. 이후 두 실험집단에 어떤 두 사람의 대화를 관찰하게 했는데, 원한다면 언제든지 그들의 대화를 중단시킬 수 있다고 알려주었다. 과연, 어떤 결과가 일어났을까.

칠판에 '무례한'이라는 단어를 적어 놓은 집단에서 실제로 대화를 중단시킨 사람의 비율이 67%에 달했다. 반면, '공손한'이라는 단어를 적어 놓았던 집단에서는 16%밖에 대화를 중단시키지 않았다. 중요한 것은 그들 중 누구도 칠판에 그런 단어가 적혀 있다는 사실을 알지 못했다는 것이다. 이는 어느 한 집단이 천성적으로 무례하거나 공손한 게 아니라고 봤을 때 '무례한' 또는 '공손한'이라는 단어에 무의식적으로 영향을 받았음을 의미한다. 이를 심리학에서는 '의식 이하의 지각Subliminal Perception'이라는 메커니즘으로 설명한다. 즉, 어떤 단어를 의식하지 못하는 수준에서도 그 단어가 대화에 영향을 미친다는 뜻이다.

어떤 단어를 사용하는지 여부가 상대의 잠재의식에 깊이 관여한다면, 이왕이면 자신에게 유리한 단어나 긍정적인 단어를 사용할 필요가 있다. 예를 들면, 처음 만났을 때 경기가 어렵다거나, 정치가 갈 데까지 갔다는 등의 이야기를 꺼내는 것보다는 즐겁고 감동적인 이야기를 하는 것이 나에 대한 평가를 좋게 할 뿐만 아니라 대화 역시 즐겁게 이어갈 수 있다. 만일 적절한 이야깃거리가 생각나지 않는다면 "오늘 날씨 정말 좋네요." 라는 말이라도 건네는 것이 좋다.

/// 첫인상에 목숨거는 이유

미팅에서 마음에 드는 상대에게 나를 어필할 수 있는 시간은 과연 얼마나 될까. 답은 3초다.

미국 펜실베이니아대학교 심리학과 로버트 쿠르즈반Robert Kurzban 교수가 남녀 1만 526명의 데이트 행태를 분석한 결과, 대부분 첫 3초 동안 얻은 정보를 바탕으로 교제 여부를 결정하는 것으로 나타났다. 여기에는 상대의 수입, 인종, 종교 등은 거의 영향을 미치지 않으며, '이러저러한 사람과 사귀겠다.'던 평소 생각보다는 본능에 충실한 경우가 많았다. 이에 대해 쿠르즈반 교수는 "첫인상에 너무 많은 의미를 부여하는 관행이 위험할 수 있다는 사실을 알면서도 대부분 사람은 순간적인 판단을 내린다."라고 말했다. 그 이유는 환경 변화에 빠르게 대처하기 위해서라고 한다. 즉, 사람들이 첫인상에 목숨거는 이유에는 진화론적 근거가 있다는 것이다. 그래서일까. 누구나 처음 만나는 사람에게 의식적으로 최대한 잘 보이려고 노력한다.

대화 역시 마찬가지다. 첫인상을 보고 상대를 판단하듯, 첫 대화를 나누고 그 사람을 판단하는 경향이 있다. 처음에 어떤 말을, 어떻게 하느냐에 따라 그 사람에 대한 이미지가 확실하게 만들어지는 것이다.

간혹 인사를 나눌 때 습관적으로 자신을 낮추는 사람이 있다. 그들은 "많이 부족합니다만"이라든지 "그저 조그만 회사를 경영하고 있습니다."라는 식으로 최대한 자신을 낮춰서 표현한다. 하지만 겸손한 것과 자신을 깎아내리는 것은 엄연히 다르다. 특히 처음 듣는 상대의 말이나 정보의 속성이 그 사람을 평가하는 데 결정적 역할을 한다는 사실을 알면 마냥 겸손할 수만은 없을 것이다. 이를 '초두 효과^{Primacy Effect}'라고 한다. 예컨대, 다른 사람에게 김 대리를 다음과 같이 소개했다고 하자.

먼저, "김 대리는 지적이고, 부지런하고, 충동적이고, 비판적이고, 반항적이고, 시기심이 많은 사람입니다."라고 소개했다. 그리고 얼마 후 "김 대리는 시기심이 많고, 반항적이고, 비판적이고, 충동적이고, 부지런하고, 지적인 사람입니다."라고 다시 소개했다. 순서만 다를 뿐, 내용은 똑같다.

그런데 첫 번째 소개를 들은 사람은 김 대리를 유능한 사람으로 생각하고, 두 번째 소개를 들은 사람은 김 대리를 적응력이 부족한 사람으로 판단한다. 처음 들은 말의 속성이 긍정적이냐 부정적이냐에 따라 당사자에 대한 인상이 결정되기 때문이다. 문제는 한번 부정적으로 낙인찍히면 나중에 아무리 바꾸려고 해도 의심과 불신만 커질 뿐 좀처럼 개선되지 않는다는 것이다.

/// 상대의 말에 긍정적으로 반응할수록 대화 효과 역시 높아진다

긍정적인 단어만큼이나 긍정적인 영향을 미치는 요소는 바로 반응이다. 긍정적으로 반응하는 것은 상대 스스로 나를 좋게 평가함으로써 대화 효과를 높이는 방법이다. 더욱이 긍정적인 단어를 고르느라 머리를 쓰는 수고를 할 필요도 없이 누구나 쉽게 활용 가능하다.

사람은 누구나 자신의 말에 긍정적으로 반응하는 사람을 높게 평가하고, 그런 사람과의 대화를 중시하는 경향이 있다. 이를 '긍정적 강화작용'이라고 한다. 예컨대, 여러 명이 모여서 대화를 할 때 내 말에 긍정적으로 반응하는 사람의 말을 더 중요하게 생각하고 그의 말을 더 열심히 듣게 된다.

긍정적 강화작용을 활용하면 상대의 관심을 끄는 것은 물론 대화 자체를 자신이 의도하는 방향으로 움직일 수 있다.

한 실험에서 연구자가 실험 참가자들에게 지금 머릿속에 떠오르는 단어들을 무작위로 말해보라고 했다. 연구자는 그들이 나열하는 단어에 별다른 반응을 보이지 않다가 특정 단어를 이야기할 때만 고개를 끄덕이면서 긍정적인 신호를 보냈다. 그러자 실험 참가자들은 긍정적인 반응을 얻었던 단어와 유사한 단어들을 반복해서 이야기하기 시작했다. 예컨대, '저녁'이나 '여행' 같은 말에는 반응하지 않다가 '아침'이라는 단어에 긍정적으로 반응하면 '상쾌한'이나 '출근'처럼 '아침'과 관련되거나 비슷한 단어들을 계속해서 꺼내더라는 것이다. 대화를 원하는 방향으로 바꾸기 위해 연구자가 한 일이라곤 고개를 작게 끄덕인 것뿐이다.

연구자의 끄덕임은 대화에 대한 일종의 보상이다. 대화 도중 우리가 상대에게 줄 수 있는 보상은 그 외에도 많다. 가장 흔한 것은 맞장구다. "정말?", "바로 그거야!", "좋아!" 같은 말은 상대의 말에 집중하고 있음을 보여준다. 가끔 아무 말도 하지 않은 채 듣기만 하다가 한 번에 몰아서 조목조목 반응하는 사람들이 있는데, 신중하긴 하지만 매력적인 대화 방법은 아니다. 아무 반응도 보이지 않으면 말하는 사람은 상대가 자기 말을 듣고 있지 않거나 공감하지 않는다고 추측하게 된다. 그러니 굳이 말할 필요를 못 느낀다면 살짝 웃어주기라도 하는 것이 좋다.

가장 적극적인 반응은 수첩에 적어가면서 이야기를 듣는 것이다. 상사가 불렀을 때 그냥 가서 지시를 듣는 직원보다 수첩을 들고 가서 상사의 이야기를 듣고 메모까지 하는 직원을 상사들은 더 높게 평가한다. 그러니 그런 직원들의 의견을 더 열심히 들어주는 것 역시 당연하다.

KEY POINT

최고의 초두 효과를 위해서는 항상 자기 자신에 관해서 긍정적으로 말해야 한다. 물론 그것이 지나친 나머지 자기 자랑이 되어선 안 된다. 아닌 게 아니라 우리는 실제보다 자신을 더 과장해서 말하는 경향이 있다. 하지만 자기 자랑을 일삼는 사람을 좋아하는 사람은 거의 없다. 스스로 비행기 타는 행위를 너무 티 나게 하는 사람에게는 관심조차 두지 않는 게 사람 마음이다.

똑같은 말도
누가 하느냐에 따라 다르다

/// 옷이 첫인상에 미치는 영향

'옷이 날개'라는 말이 있다. 예쁘고 멋진 옷을 입으면 사람이 달라 보인다는 말을 에둘러 표현한 것으로, 우리는 그 사람의 옷차림을 보고 취향 및 경제력, 사회적 지위 등을 판단하곤 한다.

옷차림은 첫인상을 좌우할 뿐 아니라 커뮤니케이션에도 큰 영향을 미친다. 이와 관련해서 미국 밴더빌트대학교 심리학과 교수인 레너드 빅맨Leonard Bickman 박사가 재미있는 실험을 한 적이 있다.

그는 공중전화 동전 반환구에 미리 동전을 넣어두고는 두 부류의 실험 보조자들에게 산뜻한 정장과 허름한 옷차림을 각각 착용하도록 했다. 실험 보조자들은 약간 떨어져서 전화 부스를 관찰하고 있다가 사람들이 통화를 끝내고 그 동전을 자기 주머니에 집어넣으면 다가가서 이렇게 말했다.

"제 동전이 거기 있었을 텐데, 혹시 보지 못했습니까?"

이렇게 200명을 테스트한 결과, 정장 차림의 실험 보조자에게 동전을 돌려주는 경우가 허름한 차림의 실험 보조자에게 돌려주는 경우보다 2배나 많았다. 이는 좋은 옷을 입은 사람의 말을 더 비중 있게 판단한다는 뜻이다.

한 인터넷 취업 사이트에서 채용 계획이 있는 기업의 인사담당자 243명을 대상으로 조사한 결과 역시 마찬가지였다. "입사 면접에서 지원자의 외모나 옷차림이 당락에 영향을 준다."라는 답변이 무려 66.7%에 달했다. 면접 때 옷차림이 좋은 사람의 말을 더 귀담아듣게 되고 더 신뢰한다는 것이다.

말도 안 되는 소리처럼 들릴지도 모르지만, 사람들이 입고 있는 옷은 당사자가 한 말의 신뢰성을 판단하는 데도 적지 않은 영향을 미친다. 이와 관련된 재미있는 실험이 하나 있다.

의사 두 사람을 선정해서 한 사람에게는 청바지와 티셔츠를 입히고, 다른 한 사람에게는 하얀색 의사 가운을 입혔다. 청바지를 입은 사람은 매우 뛰어난 실력을 갖춘 의사였고, 가운을 입은 사람은 평범한 의사였다. 그러나 대부분 사람은 가운 입은 의사의 말을 훨씬 더 신뢰하였다. 의사 가운이 의사로서의 권위를 심어주어 그 사람의 말도 더 믿게 한 것이다. 이런 결과가 나타나는 이유는 첫인상 효과와 이미지 효과^{Image Effect} 때문이다.

낯선 사람을 처음 만날 때 우리는 그 사람에 대한 정보가 전혀 없기 때문에 외모나 복장 등으로 상대를 판단할 수밖에 없다. 결국, 첫눈에 들어오는 외모나 옷, 표정이나 말투 등 극히 제한된 정보만으로 첫인상을 결정하는 셈이다. 문제는 한번 형성된 첫인상은 여간해서 바꾸기가 힘들다는 것이다. 첫인상을 바꾸려면 무려 40시간이 걸린다는 연구결과도 있다. 나아가 한번 만들어진 이미지는 상대와 관련된 모든 말과 행동을 평가하는 잣대가 된다.

앞서 공중전화 부스 실험에서도 보았듯이 똑같은 상황이라도 말하는 사람에 대한 이미지에 따라 다르게 받아들여진다. 자기가 좋아하는 사람이 말하면 타당해 보이지만, 싫어하는 사람이 말하면 아무리 그럴듯해도 꼬투리부터 잡는 게 사람 마음이다. 이와 관련된 실험이 있다.

미국 심리학자 로지Irving Lorge는 두 집단의 학생들에게 "나는 약간의 반란은 좋은 것이며, 자연계에서의 폭풍처럼 정치계에도 반란이 필요하다는 것을 인정한다."라는 말을 들려주었다. 그리고 나서 첫 번째 집단에게는 이 말이 미국의 3대 대통령인 토머스 제퍼슨Thomas Jefferson이 한 말이라고 알려주었고, 두 번째 집단에게는 러시아의 공산주의 혁명가 레닌Vladimir Ilich Lenin의 말이라고 했다. 그러자 첫 번째 집단의 학생들은 거의 모두 이 말에 공감한 반면, 두 번째 집단의 학생들은 대부분 거부감을 드러냈다. 이 실험결과는 똑같은 말이라도 말하는 사람에 대한 이미지에 따라 다르다는 사실을 보여준다.

/// 다른 사람이 보는 나와 내가 생각하는 나는 다르다

중소기업을 운영하는 박 사장은 좋은 정보를 들었다. 모 대학 최고경

영자 과정에 그가 납품하려고 노력하는 대기업의 김 전무가 등록했다는 소식이었다. 영업에 도움이 되겠다 싶어 부랴부랴 등록한 그는 입학식에 참석한 뒤 깜짝 놀랐다. 어떻게 알았는지 여러 명의 경쟁사 사장들 역시 함께 등록했기 때문이다. 김 전무와 인맥을 형성해 사업권이나 납품을 따내기 위한 노림수가 틀림없었다. 그 모습을 보고 박 사장 역시 절대 질 수 없다는 생각에 그때부터 갖은 애를 썼다. 시간 날 때마다 얼굴을 보여서 눈도장도 자주 찍고, 수시로 안부 전화도 하며, 가끔 좋은 선물도 보내고, 골프 시합에도 나가서 자신보다 못한 김 전무에게 일부러 져주기도 하면서 그의 비위를 맞추었다. 그런데 그렇게 노력했건만, 매번 납품은 다른 회사에 돌아갔다. 그를 더욱 화나게 하는 것은 경쟁사의 납품조건이 자신의 회사보다 나을 게 없다는 것이었다.

그렇게 1년이 지난 후 어느 날, 그는 김 전무에게 조용한 곳에서 식사나 하자며 초대해서 그간의 섭섭함을 이야기했다. 그런데 김 전무의 대답이 정말이지 어처구니없었다. 그동안의 납품 건이 박 사장의 회사가 맡기에는 규모가 너무 컸다는 것이었다. 그러면서 박 사장의 회사처럼 작은 회사에 납품을 맡기는 것은 너무 위험할 것 같다는 말도 덧붙였다. 박 사장이 자신의 회사도 다른 경쟁사 수준은 된다고 항변했지만, 김 전무는 비웃듯이 "글쎄요, 그건 박 사장님 생각이죠. 제게는 그렇게 안 보이는데요?"라며 박 사장의 위아래를 훑어보는 것이었다.

집에 돌아온 박 사장은 곰곰이 생각해봤다. 자신의 회사가 부족해 보이는 이유가 뭔지 궁금했다. 갖은 생각 끝에 그는 번뜩 그 원인이 자기에게 있지는 않을까, 라는 생각이 들었다. 근검절약과 성실을 강조하는 그는 늘 오래된 고물차에 회사 점퍼만 고집했고, 모임에서도 늘 뒷전에 조용히 앉아 있는 등 소극적인 모습을 보였다. 납품 회사의 규모를 잘 모르는 김 전무는 그의 그런 모습을 통해 회사의 규모를 추측했을 것이다.

다음날, 그는 즉시 할부로 신형 벤츠를 샀다. 그리고 점퍼 대신 맞춤 양복을 쫙 빼입고, 평소 사용하던 회사 창립기념일 손목시계 대신 유명 브랜드 시계로 바꿔 찼다. 골프나 한번 치자는 김 전무의 제안을 다른 대기업 납품 건으로 바빠서 미안하다며 정중히 거절하기도 하고, 그가 듣는 데서 다른 대기업 임원과 납품 건으로 통화하는 쇼를 연출하기도 했다. 그뿐만 아니라 부부동반 회식에서는 남들이 다 트로트를 부를 때 샹송을 멋지게 불러서 동료들과 그 부인들을 깜짝 놀라게 했고, 자선 모임 행사에 선뜻 거액의 기부금을 내기도 했다. 그 자신도 적극적이고 자신감 있는 성격으로 바뀐 자신의 모습에 놀라워할 즈음, 김 전무가 그에게 자신의 회사에 납품해줄 수 있느냐는 제안을 해왔다. 하지만 그는 짐짓 미소만 지으며 가볍게 고개만 끄덕였다.

다른 사람이 보는 나와 내가 생각하는 나는 다르다. 사람들은 내가 보여주는 모습에 반응하고 그 모습을 평가한다. 사람들이 교류하는 것도 곧 상대의 모습에 서로 반응하고 평가하는 것이다. 그 모습이 정확할 때도 있고 그렇지 않을 때도 있지만, 어쨌건 보이는 모습은 인간관계를 구축하는 데 있어 적지 않은 영향을 미친다. 그 때문에 가능하면 상대에게 매력적으로 기억되는 모습을 보여줘야 한다.

실제로 새로운 인간관계가 맺어지지 못하는 이유는 실력이나 성격 때문이 아니라 자신의 존재를 제대로 알리지 못하기 때문이다. 처음 만났을 때 상대의 뇌리에 남지 않으면 아무리 능력이 뛰어난 사람도 오래지 않아 관심에서 멀어지게 마련이다. 언젠가는 자신의 본모습을 제대로 알아줘서 진실한 교류를 할 것이라는 기대는 처음부터 버리는 것이 좋다.

KEY POINT

〈귀여운 여인Pretty Woman〉이라는 영화가 있다. 여주인공 줄리아 로버츠는 처음에는 상스러운 말을 했지만, 좋은 옷을 입으면서 점점 고상한 표현을 사용하며 자기 자신은 물론 주변 사람들의 인식을 바꿔나간다. 반면, 평상시 얌전하던 사람들도 예비군복만 입으면 갑자기 말투가 달라지고 행동이 거칠어진다. 이렇듯 옷 하나가 우리에게 미치는 영향은 절대 적지 않다.

옷차림도 전략이다. 이제 옷은 단순히 남에게 잘 보이기 위한 것이 아니라 그것을 통해 자신감을 느끼고, 자신을 멋있고 능력 있게 표현하는 수단이다. 따라서 개성 있고 멋진 스타일로 강한 자신감과 신뢰감은 물론 매력적인 이미지를 만들어야 한다.

제3자를 이용하라

/// 불균형 상태에서 벗어나라

김 대리는 오늘 기분이 엉망이다. 평소 사이가 좋지 않던 영업팀 박 대리와 대금 결제 건으로 티격태격했기 때문이다. 서로 체크하지 않은 게 화근이었다. 더욱이 일이 꼬이려고 그랬는지 팀장의 눈에 띄는 바람에 문제를 해결할 생각은 하지 않고 싸움만 한다며 잔소리까지 들어야 했다. 분을 참지 못한 그녀는 오후 내내 식식대다가 저녁에 남자친구를 만나자마자 한바탕 푸념을 늘어놓았다. 그런데 가만히 듣고 있던 남자친구의 한마디가 그녀를 결국 폭발하게 했다.

"너도 잘한 건 없네, 뭐."

그때부터 그녀의 분노는 박 대리도, 부서장도 아닌 애먼 남자친구를 향했다.

좋아하는 사람이 내 말에 반대하면 유독 서운하다. 그냥 호응해주면 좋으련만, 굳이 잘잘못을 따지기 때문이다. 특히 이성적 판단을 중시하는 남성들이 그런 편이다. 이렇듯 상대에게 서운함을 느끼는 것을 심리학에서는 '균형이론Balance Theory'으로 설명한다.

미국 심리학자 프리츠 하이더Fritz Heider에 따르면, 사람은 누구나 상대와 안정된 인간관계를 추구하는 경향이 있다. 예컨대, 상호 우호적인 두 사람이 제3자에 대해 같은 견해를 가지면 균형 상태를 유지하지만, 서로 다른 견해를 갖게 되면 불균형을 이루어 불쾌한 심리 상태가 되고 긴장이 발생한다. 쉽게 말해 당신이 싫어하는 사람을 애인도 같이 싫어하면 균형 상태가 되지만, 애인이 좋아하면 불균형 상태라고 할 수 있다. 최악의 경우는 내가 싫어하는 사람 편을 들며 반박하는 것이다. 예컨대, 남편들은 아내가 시어머니 흉을 보면 어머니 편을 들며 아내를 나무라곤 하는데, 그렇게 되면 미운 시어머니보다 더 미운 존재가 된다는 사실을 명심해야 한다. 이때 차라리 적당히 맞장구를 쳐주면 아내 마음도 풀리고, 자기가 너무 심했던 것 아닌가 싶어 아내 자신도 자제하게 된다.

/// 서먹한 분위기를 해소하는 제3자 효과

불균형 상태는 서로 공통점이 없을 때 발생한다. 처음 만난 사람들 사이에 흐르는 긴장과 어색함 역시 균형이론으로 설명할 수 있다.

균형이론을 알건 모르건 우리는 그 방법을 이미 유용하게 활용하고 있다. 바로 신상 조사를 통해서다. 낯선 두 사람이 만나 통성명을 하면 으레 그다음은 어디에 사는지, 학교는 어디를 나왔는지, 직장은 어디인지, 몇 살인지, 결혼은 했는지, 자녀는 있는지를 조심스럽게 탐색해나간다. 그러다가 뭔가 연결고리가 나올 법하면 "혹시 누구 아느냐?"라며 슬쩍 말을 건네곤 한다. 다행히 둘 다 알고 있는 사람이 나오면 그 사람 이야기를 하며 대화를 풀어간다. 대화의 주제로 떠오른 제3자가 둘 사이의 불균형을 해소해주는 매개체가 되는 것이다.

이처럼 공통으로 알고 있는 제3자를 이야기함으로써 서먹한 분위기를 해소하고 신뢰를 쌓는 것을 '제3자 효과$^{\text{Third person effect}}$'라고 한다. 물론 대화의 주인공은 둘 다 좋아하거나 싫어하는 사람이어야 한다. 나는 좋아하는데 상대가 싫어하는 사람을 거론했다가는 오히려 역효과가 날 수 있다. 감정의 불균형이 생기기 때문이다.

/// 제3자를 이용해 칭찬 효과를 극대화하라

제3자 효과를 응용해서 사용하면 어색함을 푸는 수준을 넘어 적극적으로 호감을 줄 수도 있다. 바로 소문을 이용하는 것이다.

소문에는 두 가지 특징이 있다. 하나는 대부분 낭설이거나 안 좋은 것이며, 다른 하나는 어떻게든 결국 당사자 귀에 들어가게 돼 있다는 것이다. 이런 특성 때문에 우리는 소문을 좋게 생각하지 않는다. 하지만 그것을 잘만 활용하면 상대가 나를 좋아하고 신뢰하게 만들 수 있다. 사람들은 당사자의 말보다 제3자의 말을 객관적인 정보로 받아들이기 때문이다.

그러자면 상대에게 직접 말하는 것보다 제3자를 이용하는 것이 좋다. 제3자를 통해 듣는 칭찬이 훨씬 효과가 크기 때문이다. 이를 심리학 용어로 '윈저 효과$^{\text{Windsor Effect}}$'라고 한다. 알린 로마네스$^{\text{Aline, Romanones}}$의 자전적 소설《백작부인은 스파이^{The Spy Went Dancing}》에서 주인공 윈저 부인이 "제3자의 칭찬은 언제, 어디서나 큰 효과를 발휘하죠. 그러니 잊지 마세요. 앞으로 큰 도움이 될 거예요."라고 하는데, 여기에서 유래한 법칙이다.

미국 심리학자 에릭 애런슨^{Eric Aronson}은 자신에 대해 어떤 소문을 들었을 때 가장 좋은 인상을 받는지 조사한 바 있다. 그 결과, 상대가 무조건 자신을 좋아한다는 것보다 처음에는 그저 그랬는데 보면 볼수록 좋아진다는 소문을 들었을 때 상대에게 훨씬 호감을 느끼는 것으로 나타났다. 자신의 진가가 비로소 인정받았다는 심리적 만족감 때문이다. 반면, 처음에는 칭찬했다가 점점 헐뜯는 소문을 내는 사람은 가장 나쁜 평가를 받았다. 당사자에게 충격을 주는 것은 물론 자존심마저 상하게 했기 때문이다. 그러니 전략적으로 소문을 활용하고자 한다면 단계별 접근법도 고려해볼 만하다. 단, 섣불리 칭찬하고 섣불리 뒤엎는 말과 행동은 절대 삼가야 한다.

KEY POINT

누군가가 자신을 칭찬한다는 말을 듣고 기분 나쁠 사람은 없다. 설령, 그다지 좋아하지 않는 사람의 칭찬이라도 제3자를 통해 전해 들으면 약간은 으쓱해지게 마련이다. 여기에 '보면 볼수록 좋은 사람'이라는 메시지를 더하면 그 효과가 더욱 빛을 발할 수 있다.

맨 오른쪽에 앉아라

/// 마주 보고 앉는 것은 공격하겠다는 신호

회의실에서건, 친목 모임에서건, 자리 배치는 보통 서열에 따라 정해진다. 눈치 없는 신입사원이 회의실 안쪽 상사의 자리에 쓱 앉기라도 하면 선배들은 '에티켓'을 모른다며 눈총을 준다. 이처럼 서열이 명확하면 자리 배치에 큰 문제가 없다. 하지만 상하를 따지기 어렵거나 적대적 관계에서는 자리를 정하는 데도 적지 않은 신경전을 벌이곤 한다. 실례로, 1967년 프랑스 파리에서 열린 베트남 평화회담 당시 자리 배치 하나를 두고 논쟁을 벌이느라 7~8개월을 허송하기도 했다. 사이공 정부 대표와 북베트남 민족해방전선 대표가 서로 마주 앉아 회담하기를 꺼렸기 때문이다. 결국, 중재국이 고안한 방법은 원형 테이블을 사용하는 것이었다. 상하 구분이 불가능한 원탁은 그 자체로 서로를 동등한 관계로 존중한다는 의미를 지니고 있기 때문이다.

이렇듯 어느 자리에 앉느냐는 것에도 서로에 대한 암묵적 평가를 내포하고 있다.

누군가와 이야기를 나눌 때 우리는 흔히 마주 보며 앉는다. 그러나 심리 법칙에서 보면 마주 앉는 것이 그리 좋은 방법은 아니다.

미국의 철학자이자 심리학자인 스텐저^{Victor Stenger}는 소규모 집단의 커뮤니케이션 행태를 연구해 '스텐저 효과^{Stenger Effect}'라는 이름으로 정리했다. 그에 따르면, 사람은 무의식적으로 적의 정면에 앉는 습성이 있다고 한다. 그러다 보니 회의나 미팅 때도 예전에 입씨름했던 사람의 정면에 앉을 가능성이 크다고 한다.

어느 자리를 선호하느냐는 개인의 성향에 따라서 다르다. 어떤 이는 사람들의 시선을 모으는 한가운데를 선호하고, 수줍음이 많은 사람은 구석진 자리를 선호한다. 다만, 남녀 간에는 일정한 차이가 있는데, 도서관에 가 보면 그 패턴을 쉽게 확인할 수 있다.

남성은 자신의 앞에 책이나 가방을 놓아둠으로써 앞사람의 시선을 차단하는 반면, 여성은 양옆에 물건을 쌓아두는 경향이 있다. 과연, 이 차이는 왜 생기는 것일까. 남성은 자신이 좋아하는 사람과 마주 앉는 것을 좋아하고, 여성은 좋아하는 사람의 옆에 앉기를 바란다고 한다. 그런데 도서관에서는 좋아하는 사람과 앉기보다는 생면부지의 사람과 함께해야 하는 경우가 대부분이다. 그래서 남성은 자기 앞에, 여성은 자기 옆에 모르는 사람이 앉는 것을 꺼리고, 자연히 그 방향을 차단하려는 심리 원리가 작동한다는 것이다.

/// 주도권을 쥐려면 맨 오른쪽에 앉아라

지금까지 자리를 둘러싼 심리 현상을 살펴보았다. 그렇다면 상대에게 특별히 호감을 줄 수 있는 자리는 따로 있는 것일까.

결론부터 말하면 '있다.'

단체 면접을 보거나 친구들과 미팅을 한다고 가정해보자. 자유롭게 자리를 선택할 수 있다면 당신은 어디에 앉겠는가? 왼쪽? 가운데? 오른쪽? 일반적으로는 가운데 자리가 가장 좋다고 생각할 것이다. 모든 사람의 시선이 집중되기 때문이다. 그러나 실제로는 상대가 보기에 맨 오른쪽 자리가 가장 좋다. 이는 니스벳Richard E. Nisbett와 윌슨Timothy Wilson이라는 심리학자가 실험을 통해 알아낸 사실이기도 하다.

그들은 똑같은 소재와 색상의 스타킹 4켤레를 나란히 놓고 사람들에게 마음에 드는 것 하나를 선택하라고 했는데, 대부분 가장 오른쪽에 있는 스타킹을 선택했다. 그들은 이 현상을 뇌의 발달과 연관 지어 설명한다.

그들에 의하면, 인간은 주로 왼쪽 뇌가 발달해 있다고 한다(왼손잡이나 왼발잡이보다 오른손잡이나 오른발잡이가 많은 것은 바로 이 때문이다). 그 때문에 책을 읽거나 사물을 관찰할 때 습관적으로 왼쪽에서 오른쪽으로 시선을 옮기고, 가장 오른쪽에 있는 물건을 가장 마지막에 판단하게 된다는 것이다. 이때 '친근 효과'라는 것이 작용하는데, 오른쪽에 있는 대상을 더 호의적으로 판단한다. 친근 효과는 낡은 정보보다 새롭게 얻은 정보가 더 오래 기억되고 중요하게 여겨지는 현상을 가리킨다. 결국, 마지막에 보았다는 이유로 맨 오른쪽 스타킹이 가장 오래 기억되고 좋게 생각되는 것이다.

이를 상품 진열에도 활용할 수 있다. 가장 주력하는 상품을 오른쪽에 배치하면 고객의 주목을 더 받을 수 있다. 신문이나 잡지에서 왼쪽 면보다 오른쪽 지면의 광고비가 비싼 이유 역시 독자들의 시선이 오른쪽에 더 오래 머물기 때문이다.

/// 사랑 고백은 왼쪽 귀에

결혼을 생각할 만큼 마음에 두고 있는 이성이 있다면 그의 왼쪽 귀에 사랑을 고백하라. 아마 긍정적인 대답을 받기가 한결 쉬워질 것이다.

최근 연구 결과, 사랑이나 농담 또는 분노의 감정은 왼쪽 귀를 통해 전해 들었을 때 가장 잘 전달된다고 한다. 왼쪽 귀가 감성적 영역을 관장하는 우뇌의 지배를 받기 때문이다.

미국 샘휴스턴주립대학교 신경의학자 심 터우총Teow-Chong Sim박사는 사랑한다는 말을 할 때는 왼쪽 귀에 하는 것이 좋다는 연구결과를 발표한 바 있다. 100명을 대상으로 감성을 자극하는 말을 녹음해서 왼쪽 귀와 오른쪽 귀에 각각 들려주고 그 내용을 글로 적도록 한 결과, 왼쪽 귀로 들었을 때 더 정확히 기억했다는 것이다. 이에 대해 심 터우총 박사는 "왼쪽 귀와 연결된 우뇌가 감정을 인식하는 일에 더 적합하다는 이론을 뒷받침하는 것"이라고 했다.

농담할 때 역시 왼쪽 귀에 대고 할 때 더욱 효과가 있다. 캘리포니아대학교 연구 결과, 우뇌는 유머에 노출됐을 때 웃음을 유발하는 기능과 연관되어 있다고 분석했다. 따라서 농담과 관련된 정보는 우뇌에서 더욱 활성화된다는 것이다.

왼쪽 귀는 세일즈맨에게도 실적을 높이는 지름길이다. 영국 유니버시티칼리지는 보험 상품 텔레마케터를 세 그룹으로 나눠 다음과 같은 실험을 했다. 하루 동안 텔레마케터들에게 왼쪽만 들리는 헤드셋과 오른쪽만 들리는 제품, 그리고 양쪽 모두에서 소리가 나오는 제품을 나눠주고 영업하게 했다. 그 결과, 왼쪽만 들리는 헤드셋을 착용한 그룹이 가장 많은 실적을 거두었다. 이에 대해 그 자신들도 뚜렷한 이유를 찾아내진 못했지만, "오른쪽 귀는 판매를 위한 논리에 치중하게 하지만, 왼쪽 귀는 더욱 직관적으로 판단하고 고객에게 밀접하게 반응한다."는 것이 연구진의 분석이다.

KEY POINT

만일 회의에서 당신의 의견을 통과시키고 싶다면 미리 그 의견에 찬성해줄 사람을 선정해서 발언 타이밍을 정해두는 것이 좋다. 의견이 개진된 뒤에 바로 찬성 의견이 나오면 반론을 피할 수 있기 때문이다. 또한, 어떤 의견 다음에 바로 찬성하는 의견이 이어질 경우 그 의견의 영향력을 높여주는 효과가 있어 그다음에 반론이 나오더라도 그 영향을 크게 축소시킬 수 있다.

사람의
감성을 좌우하는 것은 후각

/// 냄새 및 향기로도 소통할 수 있다

말 못 하는 동물이나 식물들은 과연 어떻게 소통할까. 인간의 기준으로 보면 '언어'랄 것이 없는 동식물이 소통하는 수준이 보잘것없게 여겨질 수도 있다. 하지만 어떤 동식물은 우리가 도저히 따라갈 수 없는 방식으로 커뮤니케이션을 한다. 특히 개미는 감정 자체를 공유하는 놀라운 능력을 갖추고 있다.

개미는 페로몬을 통해 소통한다. 몸속에 흐르는 호르몬이 몸 밖으로 나와 다른 개미에게 전해진다고 생각하면 이해하기 쉽다. 예컨대, 어떤 개미가 위험한 상황에서 두려움을 느끼면 페로몬이 분비되고, 페로몬에 자극받은 다른 개미들 역시 똑같은 두려움을 느끼게 된다. 페로몬이 동일한 호르몬을 분비하도록 촉진하기 때문이다. '나 무서워'라는 말을 듣는 것과 상대가 느끼는 무서움을 실제로 느끼는 것은 공감의 수준이 전혀 다르다. 감정이 걸러지거나 왜곡되지 않은 채 있는 그대로 동료에게 전달되기 때문이다. 그러니 개미의 소통이야말로 공감 능력이 부족한 이들이 내심 부러워할 만한 소통 방식이라고 할 수 있다.

이렇듯 생물은 저마다 다양한 방법으로 커뮤니케이션을 하는데, 가장 놀랍고도 원초적인 것은 식물의 소통방식이 아닐까 한다. 식물은 주로 냄새를 이용해 커뮤니케이션한다. 즉, 독특한 냄새를 발산해 외부 위협을 주위에 전파한다. 실례로, 아프리카에 주로 분포하는 아카시아는 영양 같은 초식 동물이 잎을 뜯어 먹으려고 하면 나뭇잎의 수액이 화학 반응을 일으켜 독성을 띠게 되고, 즉각 냄새를 발산해 근처 다른 아카시아에 조심하라는 경고를 보낸다. 그러면 메시지를 전달받은 나무는 몇 분 만에 모두 동물이 뜯어먹을 수 없는 상태로 바뀌어버린다. 숲에서 맡을 수 있는 신선한 나무 냄새나 풀 향기가 하나의 커뮤니케이션 수단이 되는 셈이다.

/// 남녀가 첫눈에 반하는 데는 후각이 결정적인 역할을 한다

냄새로 소통하는 것은 인간 역시 예외가 아니다. 특히 냄새는 다른 자극보다 기억과 감정을 훨씬 잘 끌어내는 특징이 있다. 이에 대해 미국 브라운대학교 후각심리학과 교수인 레이첼 헤르츠Rachel Herz 박사는 "시각적 자극에 의해 떠오른 기억보다 냄새에 의해 떠오른 기억이 더 감정적으로 느껴지며, 기억을 떠올리는 동안 더 많은 감정을 느끼게 한다."라고 말한 바 있다.

〈타락천사〉라는 홍콩 영화를 보면 두 명의 여자주인공이 스쳐 지나가는 장면이 나온다. 그때 그녀들은 이렇게 말한다. "낯선 여자에게서 그의 향기를 느꼈다." 이 대사는 국내 화장품 CF에서도 쓰인 적 있을 만큼 많은 사람의 공감을 자아냈다. 실제로 여성은 남성보다 후각이 훨씬 민감해서 옛날에 쓰던 향수나 샴푸 냄새를 맡으면 추억에 빠지기도 한다고 한다.

냄새는 특히 이성을 선택할 때 매우 큰 영향을 미친다. 이와 관련한 실험이 있다.

20대 초반 남성 6명에게 새 옷 냄새를 완전히 제거한 티셔츠를 주고 각자의 체취가 충분히 배도록 24시간 동안 입도록 했다. 그들은 한 장소에서 함께 생활하면서 체취 이외의 다른 냄새가 배지 않도록 담배는 물론 비누와 샴푸도 쓰지 않았으며, 샤워도 오직 물로만 했다. 그렇게 하루가 지난 후 실험 팀은 그들의 티셔츠를 각각의 비닐에 담아 밀봉하고 6명의 여성에게 차례대로 냄새를 맡게 한 뒤 선호하는 냄새 순위를 매기게 했다. 그런 다음 여성들과 티셔츠 주인인 남성들을 대면하게 해 외모만으로 특별히 호감 가는 남성을 선택하도록 했다. 그 결과, 6명의 여성 중 4명이 자신이 선호하는 냄새의 주인에게 실제로 호감을 느꼈다. 냄새가 이성을 선택하는 데 있어 결정적인 영향을 미칠 수 있음을 보여주는 사례다.

남녀가 첫눈에 반하는 데는 낭만이 아닌 과학이 더 많이 작용하며, 오감 가운데 후각이 결정적인 역할을 한다. 미국 시사주간지 《타임^{TIME}》은 '로맨스의 과학'이라는 특집기사에서 '사랑에 빠지는 건 상대가 매력적이어서가 아니라 화학반응을 일으킨 자신의 뇌가 그렇게 느끼기 때문'이며, 그중 후자이 결정적인 역할을 한다고 보도한 바 있다. 미국 학술지 《진화와 인간행동Evolution and Human Behavior》 2007년 10월호에 게재된 흥미로운 실험 역시 이를 방증한다.

스트립쇼에 나서는 여성 댄서들의 경우 배란기일 때는 시간당 평균 70달러의 팁을 받지만, 월경기일 때는 35달러를, 배란기도 월경기도 아닐 때는 시간당 50달러의 팁을 받는다고 한다. 팁을 준 남성은 댄서가 배란기인지 아닌지 전혀 알지 못했다. 무의식중에 후각으로 사랑을 받아들일 준비가 된 여자를 알아챘다는 얘기다.

미국에서 가장 유망한 인류학자인 헬렌 피셔Helen E. Fisher 박사의 연구결과 역시 이와 같다. 그녀에 의하면, 남녀가 사랑에 빠지는 것은 두뇌와 오감의 치밀한 협력을 통해 이루어지는데, 특히 이성을 유혹하는 데는 무엇보다 상대의 냄새가 마음에 들어야 한다고 한다.

사람마다 고유한 체취는 호감도에도 큰 영향을 미친다. 입 냄새나 발 냄새 등 불쾌한 냄새가 나는 사람과 있으면 맥박이 빨라지고 스트레스 반응이 나타나지만, 상쾌한 향이 나는 사람과 대화할 때는 마음이 안정되고 뇌에서 알파파가 나온다. 재미있는 것은 땀 냄새에 관한 호불호가 갈린다는 것인데, 일반적으로 땀 냄새도 불쾌한 냄새로 분류되지만, 남성적 매력을 상징하는 수단이 되기도 한다.

미국 버클리 캘리포니아대학교 클레어 와이어트Claire Wyart 박사는 남성의 땀 냄새가 여성을 흥분시킨다는 연구결과를 발표한 바 있다. 남성의 땀과 정액에 공통으로 들어 있는 화학물질이 여성을 기분 좋게 흥분시킨다는 것이다. 하지만 모든 여성에게 효과가 있는 것은 아니다. 역효과 역시 매우 크므로 아무에게나 땀 냄새를 함부로 풍겨선 안 된다.

/// 나만의 향기로 감성을 자극해라

미국 중고차 매매업체에서는 고객에게 차를 선보이기 전에 반드시 새 차 냄새가 나는 방향제를 뿌린다. 일부 대기업은 '빌보딩^{Billboarding}'이라는 향기 마케팅 전략의 일환으로 자사만의 독특한 향을 개발해 매장에 뿌리기도 한다. 예컨대, 미국 뉴욕의 유명 백화점 블루밍데일은 유아의류 코너에 베이비 파우더 향, 속옷 매장에 라일락 향, 수영복 매장에 코코넛 향이 나도록 하는 전략을 사용하고 있다. 노스캐롤라이나에서는 모델 하우스마다 쿠키향이 나도록 해 방문객들이 마치 자신의 집에 온 것처럼 편안함을 느끼도록 하고 있다. 심지어 미국의 한 박물관은 어린이들을 위해 공룡 냄새를 만들어 내기도 했다.

이 때문에 많은 기업이 회사 이미지를 대표하는 향을 개발하기 위해 적지 않은 개발비와 사용료를 지불하면서 향기 컨설팅을 받고 있다. 이에 대해 세계적인 마케팅 전문가인 마틴 린드스톰$^{Martin Lindstrom}$은 "대부분 광고들이 소비자 시각에 초점을 맞추고 있지만 사람의 감성을 건드리는 것은 후각"이라고 지적했다.

통계에 따르면 고객들은 향기가 나는 매장에 30분 정도 더 머문다고 한다. 이를 방증하듯 서울에 있는 한 편의점에서는 매장에서 빵을 직접 굽기 시작하자 빵 굽는 냄새에 이끌린 고객들이 몰려들어 매출이 50%나 증가했다고 한다.

KEY POINT

향기 마케팅이 성공하기 위해서는 세심하고 복잡한 과정이 필요하다. 향기로 촉발되는 감성이 제각각일 뿐만 아니라 지역에 따라 같은 향에서도 다른 느낌을 받을 수 있기 때문이다. 일반적으로 시트러스 노트 향은 활동적이고 상쾌한 느낌을 주는 반면 멜론 향은 친근함을 준다. 미국인들은 바닐라 향에서 편안함을, 프랑스인들은 우아함을 느낀다.

당신만의 향기로, 당신을 떠올리게 하는 '빌보딩' 전략을 세워라. 향수가 싫다면 향기 나는 명함을 제작해서 다른 사람들을 기분 좋게 할 수도 있다. 무엇이 되었건, 당신만의 기분 좋은 향을 갖는다면, 사람들은 당신을 기분 좋은 향기 가 나는 사람으로 기억할 것이다.

목소리만 좋아도
커뮤니케이션의 30%는 성공한다

/// 목소리는 제2의 얼굴

똑같은 말을 들어도 어떤 사람의 말은 멋있게 느껴지는 반면, 어떤 사람의 말은 싱겁게 느껴지는 이유는 과연 뭘까.

바로 목소리 때문이다. 사람의 감각기관 가운데 가장 먼저 발달하는 것은 다름 아닌 청각이다. 예비 부모들이 뱃속 태아에게 사랑스럽게 말을 건네는 모습을 한 번쯤 본 적 있을 것이다. 그만큼 청각은 엄마가 임신 여부를 알아차리기 전부터 생겨나기 시작해 다른 기관보다 먼저 완성되고 반응한다. 갓 태어난 아기들은 시력이 약하기 때문에 눈으로 바깥세상을 인지하지 못해 연신 불안해한다. 이때 뱃속에서부터 들어온 엄마의 심장박동 소리와 부모의 목소리를 들으면 쉽게 안정을 되찾는다고 한다.

일상적인 커뮤니케이션에서 청각은 시각과 함께 소통에 매우 중요한 역할을 한다. 특히 상대의 목소리에 큰 영향을 받는다.

미국 캘리포니아대학교 심리학자 앨버트 메라비언$^{Albert \, Mehrabian}$ 박사는 커뮤니케이션할 때 목소리가 38%, 표정과 제스처 같은 보디랭귀지가 55%의 영향력을 미치며, 말하는 내용의 비중은 겨우 7% 수준이라고 말한 바 있다. 그 때문에 무슨 말을 하건 목소리가 좋으면 커뮤니케이션의 30% 이상은 성공하는 셈이다. 특히 여성들의 경우 남성들보다 청각에 워낙 민감해서 전화선 너머로 들려오는 목소리만으로도 상대에게 반하는 경우가 적지 않다고 한다.

목소리에는 그 사람에 관한 수많은 정보가 담겨 있다. 우리는 전화통화만으로도 상대의 성별은 물론 나이, 신체 특성 및 기분이 어떤지 예상할 수 있으며, 심지어 생김새나 성격까지 추측할 수 있다. 실제로 고려대학교 심리학과 학생들을 대상으로 누군가의 목소리를 들려주고 4장의 사진 가운데 목소리의 주인공을 알아맞히도록 했는데 43%의 일치를 보였다. 이 정도면 목소리를 '제2의 얼굴'이라고 하는 것도 큰 무리는 아닌 셈이다.

/// 상황에 맞는 목소리만으로도 사람들은 호감을 느낀다

목소리가 첫인상과 커뮤니케이션에 큰 영향을 미치다 보니 최근에는 목소리 성형을 하는 사람들도 적지 않다고 한다. 그렇다면 어떤 목소리가 좋은 목소리일까.

아름다운 외모에 대한 기준이 그렇듯이, 좋은 목소리에 대한 기준 역시 시대와 문화권마다 조금씩 다르다. 옛날 양반들은 느리고 낮은음으로 늘어져야 좋은 목소리라고 했다. 그래서 "통하였느냐?", "어찌 상상이나 했겠소?"라는 식으로 길게 늘어지는 말투를 즐겨 썼다. 하지만 지금은 좋은 목소리의 표본으로 배우 한석규의 목소리를 꼽는다. 그의 목소리는 명료하고 차분하며 풍부한 느낌을 갖고 있다. 또한, 강압적이지도 경박하지도 않은 부드러움이 느껴진다.

선호하는 목소리는 나라에 따라서도 다르다. 예컨대, 미국인은 약간 높은 영국 악센트를 선호하고, 북한에서는 강하고 선동적인 목소리를 좋아한다. 가끔 TV에서 북한 방송을 보면 아나운서들의 목소리만으로도 경직되고 호전적인 이미지를 연상할 수 있다. 그렇다면 사람들이 호감을 느끼는 목소리를 가지려면 어떻게 해야 할까. 타고난 목소리를 성형해서라도 바꿔야 할까.

모든 사람이 한석규와 같은 목소리를 가질 필요는 없다. 사람을 매료시키는 데는 절대적인 목소리의 특성보다 상황에 따라 적절한 톤을 구사하는 것이 중요하기 때문이다.

히틀러^{Adolf Hitler}는 평소에는 말이 많지도 않았고 그나마 어눌한 편이었지만, 대중연설을 할 때만큼은 악센트가 강하고 톤이 높은 목소리를 사용해 청중을 선동했다. 명연설가로 알려진 처칠^{Winston Churchill} 역시 마찬가지였다. 그는 연설시 듣는 사람들이 집중할 수 있도록 평소보다 톤을 높여서 강하게 말했다.

반면, 부동산중개인 같은 컨설턴트나 상담 관련 일을 하는 사람들은 부드럽고 중성적인 목소리를 구사해야 안정감을 준다. 반대로 홈쇼핑

쇼호스트는 매우 높고 빠른 톤을 구사해야만 시청자를 자극해서 구매욕을 끌어낼 수 있다. 또한, 프레젠테이션을 할 때는 목소리를 다양하게 구사해야 하는데, 데이터를 말할 때는 소리를 높여 강조하고, 결과를 말할 때는 짧게 끊듯이 강하게 말해야 하며, 제안할 때는 톤을 낮춰 부드럽게 말해야 설득 효과가 커진다.

일상생활에서도 목적에 따라 목소리 톤을 달리할 필요가 있다. 아침에는 상쾌한 느낌을 주는 '파' 정도의 톤으로 인사하는 것이 좋으며, 누군가를 유혹하고 싶다면 명료하고 톡톡 끊어지는 소리보다는 다소 낮고 늘어지는 말투를 구사하는 것이 효과적이다.

물론 이와 같은 다양한 톤에 모두 숙달하기란 절대 쉽지 않다. 또한, 반드시 사람들이 좋아하는 목소리로 바꿀 필요도 없다. 목소리는 일종의 개성이며, 그 자체로 당신을 다른 사람과 차별화할 수 있는 요소이기 때문이다. 어찌 보면 가장 멋있는 목소리는 자기답게 자신 있게 내는 목소리일지도 모른다.

/// 매력적인 목소리의 8할은 열정

버락 오바마 전 미국 대통령은 취임 후 첫 상·하원 합동회의 연설에서 대공황 이후 최악의 경제위기 상황에 대해 "비록 경제가 어렵고, 자신감이 흔들리고 있지만, 우리는 미국을 재건하고 회복시켜 더 강한 나라를 만들 것"이라며 단합을 호소한 바 있다. 그리고 그런 그의 열정적인 연설은 청중의 마음을 움직였다. 그날 상·하원 의원을 비롯한 청중은 연설 도중 무려 30여 번의 기립박수를 포함해 모두 70여 차례의 박수로 그에게 화답했으며, 국회의사당은 환호로 가득 찼다.

주말에 대형마트에 가면 판매사원들의 목소리로 시끌벅적하다. 주말마다 열리는 '질러 마케팅' 때문이다. 질러 마케팅은 고객이 많이 몰리는 오후 2~6시 사이에 소리를 질러서 제품을 판매하는 것을 말하는데 농·축·수산물 같은 신선식품을 판매할 때 주로 이용한다. 대형마트에서 이 방법을 즐겨 사용하는 이유는 명확하다. 소리를 지를수록 매출이 올라가기 때문이다. 소리를 지르면 고객들의 관심을 집중시킬 수 있을 뿐만 아니라 제품에 대한 호기심을 유발할 수 있다. 또한, 질러 마케팅은 제품의 품질과 가격이 더 나을 것이라는 이미지를 만든다. 고객에게 '얼마나 괜찮은 상품이기에 저렇게 열성적으로 홍보할까'라는 생각을 들게 하는 것이다. 이를 증명하듯 모 대형마트 마케팅팀장은 "직원들이 소리치며 판매할 경우 그렇지 않을 때보다 매출이 30% 이상 오른다."라고 했다. 실제 수산물 코너에서 오후 2~6시 사이에 소리 내서 판매했을 때와 그렇지 않았을 경우 매출을 분석한 결과, 소리를 질렀을 때의 매출이 그렇지 않았을 때보다 30% 높은 것으로 나타났다. 결국, 소리를 지를수록 고객도 상품구매를 '질렀다'는 이야기다.

KEY POINT

아무리 음색이 좋고, 톤이 정확해도 열정이 없는 차가운 목소리로는 상대의 마음을 절대 움직일 수 없다. 상대가 내 뜻을 알아주기를 바라는 간절한 바람, 상대에게 기쁨을 주고자 하는 마음이 없다면 사람들이 기억하는 목소리는 언제나 무미건조하고 차갑기 그지없기 때문이다. 따라서 매력적인 목소리의 8할은 열정임을 절대 잊지 말아야 한다.

전략적인
커뮤니케이터가 되어라

/// 말은 그 사람의 인격을 대변한다

국회의원 하면 무엇이 떠오르는가. 예전에는 권력을 상징하는 금배지, 위엄 넘치는 국회의사당, 노회한 정치력 같은 이미지가 강했지만, 지금은 막말과 몸싸움, 권모술수가 다른 모든 것을 압도한다. 심지어 TV 뉴스를 보고 있으면, 아이들이 혹시 그들의 그런 모습을 보고 배울까 봐 걱정스러울 때조차 있다.

요즘은 비단 정치인뿐만 아니라 여기저기서 막말이 넘쳐난다. 심지어한참 순수해야 할 아이들 입에서조차 막말이 거침없이 나오곤 한다. 좋은 대학 보내려고 과외 시키고 학원 보내는 것도 중요하지만, 기본적인언어예절부터 가르쳐야 하는 게 아닌가 싶을 정도다. 물론 아이들의 스승인 어른들부터 언어예절을 지켜야 한다. 바람직한 커뮤니케이션을 고민하는 사람으로서, 의식주는 점점 세련되어 가는데 유독 말만은 점점품격을 잃어가는 것 같아 안타까울 때가 많다.

단어 앞에 붙은 '막'이라는 말은 '거칠고 품질이 낮다.'라는 뜻을 지니고 있다. 막사발, 막소주, 막노동 같은 말에서 느껴지는 거칠고 속된 느낌이 그 방증이다. 말 역시 마찬가지다. '뚫린 입으로 무슨 말인들 못 하랴.'라며 나오는 대로 함부로 말하거나 속되게 표현할 때 흔히 '막말한다.'라고 한다. 또한, 그런 막말을 하는 사람을 가리켜 '막돼먹었다'라고 하며, 앞뒤 안 가리고 사는 사람들을 '막가파'라고 한다. 결국, 막말하면서 막돼먹게 사는 사람들은 막가파처럼 사는 것과 다르지 않다. 그렇다면 사람들은 왜 막말을 하는 걸까.

막말하는 것은 일종의 위협이다. 심리학에서는 이를 자기표현 수단 중 하나로 설명한다. 미국 심리학자 피트먼^{Frank Pittman}에 의하면, 사람들은 특정한 상황에서 위협적인 표현을 통해 다른 사람을 자신이 원하는 대로 움직이려는 경향이 있다고 한다. 자신의 힘을 과시하거나, 자신의 힘을 강조하고, 자신의 요구를 관철하기 위해 막말을 사용한다는 것이다.

/// 333원칙에 따라 전략적으로 말하라

말은 그 사람의 인격을 대변한다. 그 때문에 평소에 바르고 품격 있는 말을 사용해야 한다. 특히 남성들은 친구들과 대화할 때 허물없이 비속어나 욕설을 사용하는 경우가 많은데, 이렇게 입에 붙은 말이 공식적인 자리나 윗사람 앞에서 무의식중에 튀어나올 수도 있으니 조심해야 한다. 아무리 외모와 옷차림이 번듯해도 상스러운 말을 하면 그 사람을 다시 보게 되기 때문이다.

같은 술이라도 막 거르면 막걸리가 되지만, 잘 거르면 청주가 된다. 말 역시 잘 걸러야만 막말이 아닌 깨끗한 말이 된다.

잘 걸러서 말하려면 전략적으로 말해야 한다. 간혹 전략적으로 말하라 니까 자신에게 유리하도록 교묘하게 말하는 것으로 오해하는 사람들이 있는데, 그건 계산적으로 말하는 것이지 전략적으로 말하는 게 아니다. 전략적인 말은 사람들의 가슴을 울리고 오랫동안 마음속에 남는다. 그 런 면에서 계산적인 사람들의 말은 위험하지만, 전략적인 사람들의 말 은 위대하기조차 하다.

레이건^{Ronald Reagan} 전 미국 대통령은 정치 초년생 시절 배우 출신의 훤칠 한 외모로 주목받았지만, 나중에는 '위대한 커뮤니케이터'라는 별명으 로 더 유명했다. 그가 이런 별명을 얻은 것은 철저하게 전략적인 커뮤니 케이션을 했기 때문이다. 물론 보좌관들이 뒤에서 돕긴 했지만, 연설문 물론 어느 부분에서 어떤 농담을 해야 할지까지 철저히 연구하고 연습했 다. 그러다 보니 말실수를 거의 하지 않았다. 말할 때마다 사고를 치는 사 람들이 새겨들어야 할 말이다. 그렇다면 어떻게 하면 전략적으로 말할 수 있을까.

가장 간단한 방법은 할 말은 하고 해서는 안 되는 말은 하지 않는 것이 다. 간혹 얼토당토않은 말만 하는 사람을 일컬어 "생각 좀 하고 말하라." 라며 쏘아붙이곤 한다. 말하기 전에 대화 분위기나 상태를 고려하고 상 대를 배려하면 말실수를 획기적으로 줄일 수 있다.

생각한 다음 말하는 습관이 익숙해질 때까지 '333원칙'을 벽에 붙여두고 항상 되뇌는 것도 좋은 방법이다. 먼저 상대의 말에 바로 대꾸하지 않고 3초 정도 생각하고, 무슨 말을 할 것인지 3가지 가운데 하나를 골라서 말한 다음, 상대가 무슨 말을 하는지 듣기 위해 3초를 기다리는 것이다.

333원칙은 입에서 나오는 대로 말하는 것이 아닌 무슨 말을 할 것인지 생각하고, 상대 말을 잘 들으라는 것이다. 물론 쉽지 않은 일임이 분명하다. 하지만 꾸준한 연습을 통해 그것을 적극적으로 실천하면 누구나 멋진 '말짱'이 될 수 있다. 또한, 그런 말은 사람들의 가슴을 울리고 오랫동안 마음속에 남는다.

KEY POINT

커뮤니케이션에 있어서 전략적 능력이란 커뮤니케이션 목적을 달성하기 위하여 상대방의 수준에 맞춰 적절하게 대응하는 것을 말한다. 즉, 상대방이 자주 사용하는 언어 및 평소 습관, 취미 등을 고려해서 이를 통해 적극적으로 친근함을 표현하는 것이다. 그중 가장 중요한 것이 '공감'이다. 그러자면 상대가 무엇에 관심이 있고, 고민하고 있는지를 잘 알고 있어야 한다.

상대를
너무 의식하지 마라

/// 자신 있게 말하지 못하는 것은 기술이 아닌 마인드 문제

같은 말을 해도 매우 자신 있어 보이는 사람이 있는가 하면 왠지 주눅들어 보이는 사람이 있다. 그런 사람들은 말끝을 흐리며, 표정 역시 당당하지 않다. 그러다 보니 자기 생각을 말하면서도 말의 주인이라는 느낌을 주지 못하고 변명하는 모양새가 된다. 그 결과, 똑같은 말을 해도 주목받기보다는 답답하다는 인상을 준다. 참다못한 상대가 "알아듣게 다시 한 번 말해보라."며 다그치기라도 하면 말하려는 용기조차 달아나버린다.

자신 있게 말하지 못하는 것은 기술보다는 마인드 문제다. 자신과 외부라는 두 개의 세력 중 어디에 주도권이 있다고 생각하는지에 따라서 말하는 태도가 달라지기 때문이다. 심리학에서는 이를 '자기표현^{Self} Presentation'이라고 한다.

마르크스^{Karl Marx}에 따르면, 사람은 자기 자신을 표현할 때 '바라는 자기'와 '바라지 않는 자기'를 선택한다고 한다. 즉, 우리는 상대를 의식하면서 살아갈 수밖에 없는데, 이때 '바라는 자기'의 모습을 표현하거나 그것이 여의치 않을 경우 '바라지 않는 자기'의 모습을 표현함으로써 자신의 이미지를 관리한다는 것이다. 만일 내가 '바라는 자기'의 모습을 표출한다면 자기중심적인 표현이 될 것이고, '바라지 않는 자기'의 모습을 내세운다면 타인을 고려하며 말하는 형태를 띨 것이다.

가장 좋은 것은 상황에 따라 두 가지 형태의 커뮤니케이션을 적절히 혼용하는 것이다. '나는 소중하니까'라며 무조건 자기중심적으로만 표현하면 자기 잘난 맛에 사는 무례하고 건방진 사람이 되고 만다. 그 결과, 당연히 사람들 눈 밖에 나게 되고 만다. 하지만 지나치게 이를 의식한 나머지 '바라지 않는 자기'만 내세우는 것 역시 문제다. 자칫 자신감 없고 비굴해 보일 수 있기 때문이다. 하지만 정작 더 큰 문제는 따로 있다. 우리가 사회생활을 지나치게 중요하게 여기다 보니 자신도 모르는 사이에 습관이 되어서 '바라는 자기'보다는 '바라지 않는 자기' 쪽 표현을 훨씬 더 많이 사용한다는 것이다.

회사 안내 데스크에서 일하는 어떤 여직원이 휴일에 집에서 쉬는데, 어머니 친구가 전화를 걸어와서 "어머니 계시니?"라고 묻자, 저절로 "네, 연결해드리겠습니다."라는 말이 튀어나왔다는 우스갯소리가 있다. 그것만이 아니다. 백화점에 근무하는 어느 여성이 애인과 함께 길을 걷고 있는데, 낯선 사람이 길을 묻자 자신도 모르게 무릎을 살짝 굽히며 두 손을 모아 공손한 말투로 방향을 가리키면서 "이쪽입니다, 고객님."이라고 안내했다며 푸념하기도 했다. 단순히 직업병이라며 웃어넘기기에는 무척 서글픈 이야기들이다.

/// '바라는 자기'를 당당히 표현하라

그렇다면 '바라는 자기' 표현을 많이 하려면 어떻게 해야 할까. 여기에는 크게 두 가지 방법이 있다.

첫째, 상대를 대접한다며 지나치게 친절하게 굴지 않아야 한다.

"지나치면 모자람만 못하다."라는 말이 있다. 언뜻 생각하면 친절하게 말하는 사람일수록 예의 바르고 정중해 보이는 것이 사실이다. 하지만 듣는 사람 입장에서 보면 확연히 다르다. 지나친 친절이 상대에게 오히려 거리감을 느끼게 하기 때문이다. 그 결과, 상대를 은근히 불편하게 해쉬울 뿐만 아니라 쉽게 친해질 기회를 놓치게 된다. 그냥 "이야기 시작할게요."라고 해도 될 것을 "말씀드릴까 합니다."라며 복잡하고 부담스럽게 말할 필요는 없다. 특히 서비스 업종에 종사하는 이들이 이런 표현을 많이 쓰는데, 잘못하면 비굴해 보일 뿐만 아니라 상대에게 뭔가 숨기는 것이 있는 게 아닌가, 라는 의심을 들게 할 수도 있다.

둘째, 수동형 표현을 사용해선 안 된다.

우리는 알게 모르게 일상에서 수동형 표현을 자주 사용한다. 예컨대, 친구들과 대화하면서 "어제 술 먹다가 3차까지 끌려갔지 뭐야."라거나, "이번에 총무를 떠맡게 되었어.", "하라면 해야지, 뭐." 등의 말이 바로 그것이다. 이 말들의 공통점은 모두 수동형 표현이라는 것이다.

이 말을 쓰는 이유는 그 일이 자신의 의지와는 무관함을 강조하기 위해서겠지만, 잘못하면 주관 없이 끌려다니거나 무기력하고 무책임한 사람이라는 인상을 줄 수 있다. 무엇보다도 '바라는 자기'를 보여주려면 상대를 너무 의식하지 않아야 한다.

한때 세계 최고 골프 선수였던 타이거 우즈^{Tiger Woods}는 어려서부터 아버지에게 골프 영재교육을 받은 것으로 알려져 있다. 그의 아버지는 아들이 골프장에서 스윙할 때 일부러 뒤에서 큰 소리로 야유를 퍼부었다. 어떻게 보면 매우 냉정하고 비열한 방법이지만, 상대를 너무 의식하지 않고 평상심을 유지하는 데 큰 도움이 되는 훈련법이다.

KEY POINT

의식적으로 '바라는 자기'를 표현하다 보면 자신감이 생기고 대화를 주도할 수 있게 된다. 그러니 말의 노예가 아닌 주인이 되려면 오늘부터라도 다른 사람을 의식하지 않고, 자신이 주인공이 되는 표현을 사용해야 한다. 그러자면 "~인 것 같아요."와 같은 자신 없는 수동형 표현보다는 "저는 ~라고 생각합니다."와 같은 확실한 자기 주관이 들어간 능동형 표현을 의식적으로 쓰는 노력이 필요하다.

보이지 않을수록
더 조심하라

/// 안 보인다고 함부로 말하지 말라

경찰이 수신자 동의 없는 광고성, 협박성 전화와 휴대전화 문자 메시지를 집중적으로 단속한 적 있다. 스팸 전화에 시달리는 사람이 워낙 많기도 하거니와 그로 인해 큰일 날 뻔한 일이 있었기 때문이다.

몇 년 전 한 지역 경찰청 112 지령실과 소방본부 119 상황실 신고 전화가 무려 4시간 20분 동안 불통되는 사고가 있었다. 한 업체가 실수로 두 기관에 2,200여 통의 스팸 전화를 했기 때문이었다. 만일 그 시간 동안 강력 사건이나 화재가 발생했다면 피해자는 경찰과 소방본부의 도움을 전혀 받지 못 할 뻔했던 위험천만한 사고였다.

요즘은 수많은 기업에서 판촉 또는 고객 서비스의 일환으로 전화를 활용한다. 기획부동산에서부터 신용카드사까지 그 범위도 다양하다. 문제는 수신자가 동의하지 않은 전화, 즉 스팸 전화다.

스팸 전화는 업무에 지장을 줄 뿐만 아니라 잘못된 매너로 고객을 오히려 불쾌하게 만든다. 그때문에 그런 전화를 받을 때마다 '나는 절대 저렇게 하지 말아야지'라며 결심하곤 한다. 나의 무례한 전화가 상대에게 또 다른 스팸 전화가 될 수 있기 때문이다.

/// 아무리 급해도 지킬 건 지켜라

가장 잘못된 전화 커뮤니케이션은 전화를 걸어서 자신이 누구인지도 밝히지 않고 용건부터 말하는 것이다. 이런 전화를 받고 불쾌하지 않을 사람은 없다. 그런데 의외로 이런 실수를 많이 한다. 나 역시 그런 식으로 전화했다가 혼쭐이 난 적이 있다.

대학생 시절 친구 집에 전화를 했는데, 친구 아버지가 전화를 받으셨다. 나는 아무 생각 없이 "여보세요. 거기 철수 집이죠? 철수 좀 바꿔주세요."라고 했는데, 곧바로 친구 아버지에게 혼이 났다. 그분은 전화하면 먼저 상대를 확인하고 자신이 누구인지 밝힌 다음 용무를 말하라며 전화 예절을 가르쳐주시더니, 다시 전화를 해보라고 하셨다. 그래서 전화를 끊고는 다시 전화를 걸어서 친구 아버지에게 배운 대로 "거기 철수집이죠? 저는 철수 친구 문선인데요, 철수 좀 바꿔주시겠습니까?"라며 예의 바르게 말씀드렸다. 그랬더니 아버님은 아주 잘했다며 칭찬해주시고는 이렇게 말씀하셨다.

"그런데 철수 없다."

그 외에도 전화하며 지켜야 할 예절은 매우 많다. 공공장소에서 통화를 자제하는 것 역시 잘 알려진 에티켓이다. 하지만 여전히 지하철이나 버스에서 큰 소리로 통화해 주위 사람들의 눈살을 찌푸리게 하는 이들이 많다. 보이지 않을수록 더 조심해야 하는 게 전화 커뮤니케이션이다. 무엇보다도 1~2분의 통화만으로 당신에 대한 모든 평가가 결정되는 만큼 전화 한 통에도 각별히 신경 써야 한다.

KEY POINT

우리가 흔히 저지르는 잘못된 전화 커뮤니케이션 중 '요'로 끝나는 말이 있다. "잠깐만요", "그런데요", "아닌 데요", "무슨 일 때문에 그러세요?" 등등. 부드러운 화법을 선호하는 여성들이 그런 용어를 많이 사용하는데, 엄밀히 말해서 '요'는 경칭이 아니다. 그 때문에 동료들과 편하게 대화할 때는 문제가 되지 않지만, 고객이나 외부 사람들에게 사용하기에는 적당하지 않은 표현이다. 그보다는 "그렇습니다.", "아닙니다."와 같은 표현을 써야 상대를 존중한다는 느낌을 준다.

3장

원하는 것을 이루는 공감의 기술

KEY POINT

미사여구를 많이 쓴다고, 말을 많이 한다고 명연설이 되고, 상대에게 감동을 주는 것은 아니다. 어떤 때는 한두 단어나 침묵이 더 강력한 힘을 발휘하기도 한다. '국민의, 국민에 의한, 국민을 위한 정부'로 유명한 에이브러햄 링컨 대통령의 게티즈버그 연설은 272개 단어로 이뤄진 2분 분량이었지만 역사상 최고의 명연설 중 하나로 꼽히며, 버락 오바마 전 대통령은 2011년 애리조나 총기 난사 사건 추모 연설 도중 51초의 침묵으로 깊은 감동을 줬다.

말에도 음식처럼 다양한 맛이 깃들어 있다는 생각이 든다. 엉뚱한 말을 하면 '싱거운' 소리를 한다고 하고, 부드럽고 속삭이듯 말하면 '달콤하다'고 하며, 혼을 낼 때는 '매운맛' 좀 보여준다고 하기 때문이다. 그런가 하면 약처럼 '쓴'소리를 잘하는 사람도 있고, 누룽지처럼 '구수한' 말을 잘하는 사람도 있다. 출근길에 듣는 라디오 방송 진행자의 목소리는 레몬처럼 신선하고 '상큼한' 맛이 난다.

당신의 말에서는 과연 어떤 맛이 날까? 나아가 다른 사람들이 당신의 말에서 어떤 맛을 느꼈으면 하는가?

__ 자이가르닉 효과, '다 말하지 말고, 여운을 남겨라'에서

'우리'라는 말의 힘

'우리'라는 말은 '나'와 '너'라는 편 가르기를 없애고 하나로 묶는 힘을 갖고 있다. 그 때문에 위기에 처할수록 '우리'를 강조하는 경향이 있다.

마케팅에서도 너와 나라는 서로 다른 입장에 있는 두 개체를 얼마나 신속하게 '우리'라는 공동 운명체로 묶느냐를 매우 중요시한다. 그래서 마케팅 전문가들은 마케팅 담당자들과 영업사원들이 갖춰야 하는 필수 단어 50개 중 'WE', 'US', 'OUR'를 상위 3개 단어로 꼽는다.

/// 감동적인 연설일수록 '우리'를 강조한다

세계 정치사를 보면 감동적인 명연설이 꽤 많다. 마틴 루터 킹$^{\text{Martin Luther King}}$ 목사의 '나에게는 꿈이 있습니다.'라는 연설이나 '국민의, 국민에 의한, 국민을 위한 정부'라는 말로 민주주의를 정의한 링컨$^{\text{Abraham Lincoln}}$ 전 대통령의 게티즈버그 연설$^{\text{Gettysburg Address}}$이 그 대표적인 예다. 안타까운 것은 우리나라 정치인들의 연설에는 그처럼 가슴을 울리는 것이 거의 없다는 것이다. 하루가 멀다고 논평과 기자회견을 하지만, 십중팔구 누구나 아는 뻔한 내용 일색이다. 국민에게 희망과 감동을 주기보다는 '경제가 어렵다'며 누구나 아는 사실을 반복하는 현상나열 및 '상대 때문에 잘못됐다'는 책임 전가, 그래서 '나 아니면 안 된다'는 아전인수식 내용이 대부분이다. 반면, 처칠 수상이나 링컨, 케네디^{John F. Kennedy} 전 대통령의 연설은 분열된 국민의 힘을 하나로 모으고, 모두에게 꿈을 갖게 해주었을 뿐만 아니라 시련을 기꺼이 이겨나갈 용기를 주었다. 과연, 무엇이 그 차이를 만드는 것일까.

가장 핵심적인 차이는 주어 선택이다. 일반적으로 연설문에는 '여러분'이나 '당신'을 주어로 시작하는 'You 메시지'를 많이 사용한다. 하지만 여기에는 단점이 있다. 상대를 주어로 하므로 상대의 잘못을 지적하거나 강요하는 듯한 느낌을 준다는 것이다. 그런 까닭에 타인을 비난할 때 자주 쓴다. 예컨대, 아이가 늦게 들어와서 꾸짖을 때 You 메시지는 진가(?)를 발휘한다.

"넌(You) 왜 그렇게 맨날 늦니?"

"너(You) 또 나쁜 아이들과 어울리는 것 아니야?"

이처럼 You 메시지는 '너', '자네', '당신', '여러분'을 주어로 하면서 자신에게는 전혀 문제가 없고 상대에게만 문제가 있다고 단언하는 표현법이다. 당연히 상대는 반감을 느끼고 저항하며, 관계는 파괴된다. 따라서 You 메시지는 가능한 한 사용하지 않는 것이 좋다. 방법은 아주 간단하다. 'We 메시지'를 사용하면 된다.

명연설일수록 '우리'를 주어로 하는 We 메시지를 사용한다. 1940년 6월 4일 영국 의회에서 처칠 수상이 했던 연설을 살펴보자.

"우리는 약해지거나 실패하지 않을 것입니다. 우리는 끝까지 싸울 것입니다. 우리는 프랑스에서 싸울 것입니다. 우리는 바다와 대양에서 싸울 것입니다. 우리는 확신을 키우고 힘을 길러 공중에서 싸울 것입니다. 어떤 대가를 치르더라도 우리는 우리 섬을 지킬 것입니다. 우리는 해변에서 싸울 것입니다. 우리는 상륙지점에서도 싸울 것입니다. 우리는 들판과 거리에서도 싸울 것입니다. 우리는 언덕에서도 싸울 것입니다. 우리는 절대 항복하지 않을 것입니다."

패배의 치욕을 승리에 대한 굳은 의지로 바꾼 이 연설로 인해 연합군은 다시 하나가 되었고, 이후 5년간 전쟁의 고통을 함께 견디며, 마침내 승리할 수 있었다.

'우리'라는 단어의 힘은 이렇듯 매우 강하다.

We 메시지는 대화 당사자들을 나와 너의 대립 관계가 아닌 공통의 관심사를 가진 대등한 관계로 바꿔준다. 즉, 문제가 발생했을 때 둘 모두에게 문제가 있다는 공감과 문제를 함께 해결하겠다는 연대감을 고취한다. 따라서 '우리'라는 주어를 쓰는 것만으로도 힘을 한곳으로 모으고, 고통을 분담할 수 있으며, 성과를 함께 나누는 강력한 메시지를 만들 수 있다. 특히 서양인들보다 집단주의 성격이 강한 우리의 경우 '나' 또는 '너'

라는 개인보다 '우리'라는 특정 집단을 타깃으로 설득할 때 그 효과가 훨씬 크다.

KEY POINT

미사여구를 많이 쓴다고 해서 상대에게 감동을 주는 것은 절대 아니다. 어떤 때는 한두 단어만으로도 충분히 상대를 감동하게 할 수 있다. 어떤 때는 한두 단어나 침묵이 더 강력한 힘을 발휘하기도 한다. '국민의, 국민에 의한, 국민을 위한 정부'로 유명한 에이브러햄 링컨 대통령의 게티즈버그 연설은 272개 단어로 이뤄진 2분 분량이었지만 역사상 최고의 명연설 중 하나로 꼽히며, 버락 오바마 전 대통령은 2011년 애리조나 총기 난사 사건 추모 연설 도중 51초의 침묵으로 깊은 감동을 줬다.

상대의 거울이 되어라

/// 사람은 자신과 공통점이 없는 사람에게 반감을 느낀다

인간관계에서 서로 잘 맞는다는 것은 자신과 비슷한 점이 많음을 뜻한다. 때로는 자신의 단점이 싫어서 자신과 반대되는 성향의 사람에게 끌리기도 하지만, 친밀함을 느끼고 좋아하는 사람은 결국 자신과 비슷한 사람이다. 공통점이 많을수록 호감을 느끼기 때문이다. 실제로 미국 신혼부부들을 조사한 결과 99% 이상 커플이 같은 인종이며, 94%는 종교까지 같은 것으로 나타났다. 그래서일까. 똑같은 부탁이라도 자신과 공통점이 많은 사람의 부탁을 더 잘 들어준다. 공중전화를 걸기 위해 동전을 구할 때 히피 복장을 한 사람은 히피 복장을 한 사람의 요구를, 정장을 입은 사람은 정장을 한 사람의 요구를 더 잘 들어준다는 연구 결과도 있다.

얼마 전 한 지인 여성이 소개팅에 나갔다가 멋진 남성을 소개받았다. 검게 그을린 건강한 피부에 키도 크고 쾌활한 웃음이 무척 매력적이었다. 다행히 그 역시 자기에게 관심이 있는 듯해서 내심 기뻐했는데, 그 설렘도 잠시. 곧 이어진 대화로 인해 분위기가 엉망이 된 것은 물론 소개팅 역시 성과 없이 끝나고 말았다.

그가 "산에 가기 참 좋은 날이네요."라고 인사를 건네자, 아무 생각 없이 "이런 날은 땀이 많이 나서 안 좋아요. 저는 땀 흘리면서 힘들게 산에 오르는 사람들 이해가 안 돼요."라고 했기 때문이다. 문제는 그의 취미가 등산이었다는 것이다. 그러니 그녀의 말은 분위기를 썰렁하게 하기에 충분했다.

자신과 공통점이 없는 사람들에게서 반감을 느끼는 심리를 '반감가설Repulsion Hypotheses'이라고 한다.

한 취업준비생이 이력서 종교란에 '없음'이라고 적었다가 면접에서 고배를 마셨다. 자기 딴에는 자격 기준을 크게 낮춰 지원한 터라 당연히 되겠거니 하고 낙관했기에 실망이 더욱 컸다. 더욱 아쉬운 건 아무리 생각해도 '종교 없음' 때문에 떨어진 것 같다는 생각이 들어서였다. 면접관이 독실한 종교인이었는지 처음부터 왜 종교가 없는지를 캐묻기에 순간 불쾌해져서 어설픈 종교논쟁을 벌인 게 화근이었다. 면접관이 자신에게 느꼈을 반감을 만회하기는커녕 화만 더욱 키운 셈이었기 때문이다.

/// 공통점이 많을수록 쉽게 가까워진다

사람들과 좋은 대화를 하고 싶다면 상대에게 나를 적극적으로 맞춰야 한다. 상대가 나와 똑같을 수는 없기 때문이다.

상대에게 나를 맞추는 첫 번째 방법은 말투를 비슷하게 하는 것이다. 사람들은 말의 속도가 같거나 톤이 비슷한 사람에게 더 끌리는 경향이 있다. 상사가 빠른 말투로 업무를 지시하는데 부하직원이 느리게 대답하면 상사는 속이 터진다. 비록 나는 말이 느리더라도 상대가 빠르면 그에 맞춰 말을 빠르게 해주는 것이 의사소통을 원활하게 하는 비결이다. 상대가 말하는 스타일에 맞추면 더 좋다. 특히 상대가 자주 쓰는 말을 언급하면 쉽게 친해질 수 있다. 단, 말투까지 흉내 내서는 안 된다. 자신을 무시하거나 놀린다고 생각할 수 있기 때문이다.

상대에게 맞추는 두 번째 방법은 제스처를 맞추는 것이다. 외국 영화를 보면 친구들끼리 주먹을 마주 대거나 가슴을 부딪치는 등 자기들만의 다양한 제스처를 만든다. 서로 친구임을 확인하고 마음이 통한다는 신호다. 아이들이 가끔 아빠 흉내를 내는 것 역시 더 많은 사랑을 받고 싶은 심리에서 나오는 행동이다.

이와 관련해서 뉴욕대학 심리학자 타냐 차트랜드[Tanya L. Chartrand, 현 오하이오대학교 심리학과 교수]와 존 바그[John Bargh, 현 예일대학 심리학자] 연구팀은 다른 사람의 행동을 따라 하는 것이 서로에 대한 호감을 유발하고 관계를 돈독하게 만든다고 주장한 바 있다.

듀크대학교 경영학과 제임스 벳맨[James Bettman] 교수 연구팀 역시 상대의 행동에 따라 선호도가 크게 달라질 수 있음을 입증했다.

연구팀은 먼저 실험 참가자들에게 광고에 관해 설명하는 비디오를 보게 했다. 광고에 출연한 사람 앞에는 각각 물고기 모양 크래커와 동물

모양 크래커가 담긴 그릇 두 개가 놓여 있었고, 실험 참가자들에게도 똑같은 크래커가 담긴 그릇이 제공되었다. 그런데 화면 속 인물은 광고를 설명하면서 특정 크래커만을 집어 먹었다. 그 결과, 이를 본 실험 참가자들 역시 비디오 시청시간의 71% 동안 물고기 크래커를 먹은 것으로 나타났다. 비디오 속 인물이 동물 크래커만 먹을 때는 물고기 크래커를 먹는 비율이 전체 시간의 44%로 줄어들었다. 이에 대해 연구팀은 무의식 중에 다른 사람의 소비 행동을 모방하면서 상품 선호도가 변한 것이라고 설명했다.

상대에게 맞추는 세 번째 방법은 상대와 생각이 비슷하다는 것을 직접 보여주는 것이다. 이를 '언어 조절법'이라고도 하는데, 심리학자 그린스푼Joel Green-spoon은 실험을 통해 대화할 때 상대방의 의견에 동조하면 상대가 당신을 우호적인 사람으로 보고 당신에게 맞춰주려고 무의식적인 노력을 기울이게 된다는 사실을 발견했다. 즉, 상대가 말할 때 "좋아", "그래", "바로 그거야", "OK"라는 공감 표현을 해주거나, 머리를 끄덕거리고, 박수 치거나, 엄지손가락을 치켜세우는 공감 제스처를 취할수록 상대가 서로 마음이 잘 맞는다는 의미로 받아들여 대화 분위기 역시 좋아진다는 것이다.

KEY POINT

흔히 다른 사람을 따라 하는 것을 줏대 없는 것으로 생각한다. 그 때문에 대부분 '자신만의 스타일'을 계발해서 상대에게 어필하려고 하지만, 정작 호감 가는 사람들은 다른 사람을 적극적으로 따라 하면서 공통점을 만든다. 공통점이 많을수록 친근감을 느껴 쉽게 가까워질 수 있기 때문이다. 그러니 만일 주위에 친해지고 싶은 사람이 있다면 그가 좋아하는 작가의 책이라도 평소에 열심히 읽어 둬야 한다.

눈빛에 진심을 담아라

/// 때로는 말보다 몸짓이 더 효과적이다

마음속 느낌을 말로 표현하는 게 참 어려울 때가 있다. 예컨대, 사랑하는 사람에게 자신이 얼마나 많이 사랑하는지 설명하는 것은 절대 쉬운 일이 아니다. 기껏 생각한 말이 "하늘만큼 땅만큼 사랑해"정도다. 거기서 조금 더 나가봐야 "만약 예쁜 게 죄라면 넌 사형이야"정도다. 그나마 진심이 전해지면 다행이련만, 어떤 때는 말을 하고 나서 오히려 더 어색해진 나머지 안 하느니만못한 경우가 생기기도 한다.

한국 중년남성들은 사랑한다는 말을 거의 안 하는 것으로 유명하다. 가끔 아내가 "여보, 나 사랑해?"라고 물어보기라도 하면 대부분 괜스레 화부터 내곤 한다. 문제는 표현에 인색하면 정말 사랑한다고 말하고 싶을 때 괜한 오해를 살 수 있다는 것이다. 유난히 아내가 예뻐 보여서 큰맘 먹고 "사랑해"라고 했는데, 아내의 반응이 뜨악했던 적이 한 번쯤 있을 것이다. 심지어 눈빛이 싸늘해지면서 "당신 뭐 죄지은 것 있지?"라며 의

심하기도 한다. 정말 안 하느니만 못한 상황이다. 그렇다면 상대에게 마음을 전하고 싶을 때, 말하지 않고도 뜻을 전달하는 방법은 없을까.

이때 활용할 수 있는 방법으로 '셔레이드^{Charade}' 기법이 있다. '셔레이드'는 제스처 게임, 즉 몸짓으로 판단해서 답을 알아맞히는 놀이를 뜻한다. 원래 드라마나 영화에서 많이 쓰는 기법으로 대사를 통해 직설적으로 표현하지 않고 대사 이외의 모든 비언어적 수단을 동원해 내면의 감정이나 마음을 간접적으로 표현하는 방법이다. 마치 시에서 은유법이 직설법보다 더 깊은 뜻을 전달하듯이, 셔레이드는 은유적 행동을 통해 말로 설명하는 것보다 더 효과적으로 메시지를 전달한다. 쉬운 예를 들어보자.

오드리 헵번^{Audrey Hepburn}은 자신의 첫 번째 흥행작 〈로마의 휴일^{Roman Holiday}〉로 1953년 아카데미 여우주연상을 받았다. 시상식에서 후보자가 소개되고 막 수상자가 발표되려는 순간을 포착한 그녀의 사진을 보면 동공이 커지면서 자신도 모르게 손가락을 깨물고 있는 것을 볼 수 있다. 이것만으로도 우리는 그녀가 얼마나 수상을 갈망하고 있으며, 마음속 긴장과 초조함이 어느 정도인지 쉽게 짐작할 수 있다.

우리가 평소 알게 모르게 사용하는 셔레이드 기법도 꽤 많다. 남성들의 경우 예쁜 여성을 보면 저절로 입이 벌어지고 고개가 돌아가곤 하는데, 이는 '당신 정말 예쁘다'라는 의미를 암묵적으로 담고 있다. '대단하다'는 의미로 말없이 엄지손가락을 들어 보이는 것 역시 일종의 셔레이드 기법이다.

셔레이드는 의도적인 몸짓뿐 아니라 일상적인 상황에서도 곧잘 표출된다. 이를 잘 관찰하면 말하지 않아도 상황이나 분위기를 파악할 수 있다. 예컨대, 카페에서 남녀가 커피를 마시는 상황을 살펴보자.

- 첫 번째 상황 _ 여자가 잠자코 남자의 커피에 설탕을 넣어준다. 상대의 취향을 잘 아는 것은 물론 설탕을 대신 넣어주는 것이 자연스러울 만큼 상당히 깊은 관계임을 알 수 있다. 그래서 이런 커플을 보면 당연히 부부나 연인으로 생각한다.
- 두 번째 상황 _ 여자가 설탕을 집어 들면서 "두 스푼이면 되죠?"라고 한다. 상대의 취향을 어느 정도 알고 있는 친근한 사이임을 알 수 있다.
- 세 번째 상황 _ 남자에게 설탕을 내밀면서 "먼저 넣으시죠."라고 했다면? 상대의 취향도 모를뿐더러 예의를 갖춰야 하는 다소 경직된 관계임을 알 수 있다. 맞선 자리나 오늘 처음 만난 사이일 가능성이 크다.
- 네 번째 상황 _ 여자가 자기 커피에만 설탕을 넣고 남자에게 설탕을 권한다. 이 경우 상대를 대접하거나 격식을 차릴 필요가 없는 친한 친구나 동료 사이일 가능성이 높다.

이렇듯 커피에 설탕을 넣는 단순한 행위 하나만으로도 다양하고 정확하게 자신의 감정이나 느낌을 표현할 수 있는 것이 바로 셔레이드 기법이다.

직접 말하기 어려울 때는 셔레이드 기법을 활용하는 것이 효과적이다. 우리가 흔히 볼 수 있는 셔레이드 기법은 상대의 관심을 끌기 위한 무의식적인 행동으로, 특히 이성 사이에 많이 나타난다. 예컨대, 처음 만난 여성이 마음에 들었을 때 그녀의 옷에 묻은 머리카락을 떼어줌으로써 은근한 관심을 표현할 수 있다. 만일 쌀쌀한 날씨에 코트를 벗어 여자의 어깨에 걸쳐주었다면 노골적인 관심 표시가 된다. 영화 〈위험한 정사Trash〉를 보면 회의가 진행되고 있는 도중 남자의 입가에 버터가 묻어 있는 것을 본 여자가 다른 사람들 몰래 눈짓으로 살짝 알려주는 장면이 나온다. 이 은밀한 구애의 몸짓이 계기가 되어 두 사람은 급속히 가까워지고 결국 위험한 사랑에 빠지게 된다.

만일 당신이 무뚝뚝하고 수줍음이 많아서 아내에게 사랑한다는 말을 잘못한다면 어떻게 하면 좋을까. 아내가 설거지하고 있을 때 뒤에 가서 가만히 안아준다든지, 잠자고 있을 때 머리를 가만히 쓰다듬어주는 것도 좋은 방법이다. 장소나 물건을 활용해도 된다. 고급 아파트 모델하우스에 아내를 데려가서 평생 이런 집에 살게 해주겠다며 진지하게 말하거나 아내의 화장대 위에 작은 선물과 함께 '여보 고마워'라고 적은 작은 카드를 놓아두는 것이다.

이렇듯 셔레이드 기법은 어설프게 백번 말하는 것보다 훨씬 효과적인 커뮤니케이션 기술이다.

KEY POINT

외모가 뛰어난 것도 아니고, 큰 비중이 있는 것도 아닌데, 시청자들에게 자신의 존재감을 강하게 인식시키는 배우들이 있다. 방송가에서는 이들을 '미친 존재감'이라고 부른다. 짧은 등장만으로도 사람들의 뇌리에 강한 인상을 남기기 때문이다. 과연, 그들의 무엇이 사람들을 사로잡는 것일까.

전문가들은 그 비밀을 그 배우가 가진 고유한 분위기인 '아우라'에서 찾는다. 진품이 내뿜는 기운을 뜻하는 아우라처럼 어떤 역할이건 자신만의 색깔을 드러낸다는 것이다. 이는 셔레이드 기법과도 일맥상통하는 것으로, 시청자 역시 그들의 눈빛과 표정에서 연기에 관한 열정과 진심을 읽고 감동한다.

만일 상대에게 직접 말하기가 껄끄럽다면 셔레이드 기법을 적극적으로 활용해 보라. 어설프게 백번 말하는 것보다 훨씬 효과적이다.

다 말하지 말고,
여운을 남겨라

/// 감칠나게 조금씩 말해야 기억에 남는다

조금만 들어도 질리게 말하는 사람이 있는가 하면, 흡사 맛있는 음식처럼 계속해서 빨려들듯 말하는 사람이 있다. 그래서일까. 어떨 때 보면 말에도 음식처럼 다양한 맛이 깃들어 있다는 생각이 든다. 엉뚱한 말을 하면 '싱거운' 소리를 한다고 하고, 부드럽고 속삭이듯 말하면 '달콤하다'고 하며, 혼을 낼 때는 '매운맛' 좀 보여준다고 하기 때문이다. 그런가 하면 약처럼 '쓴'소리를 잘하는 사람도 있고, 누룽지처럼 '구수한' 말을 잘하는 사람도 있다. 출근길에 듣는 라디오 방송 진행자의 목소리는 레몬처럼 신선하고 '상큼한' 맛이 난다.

당신의 말에서는 과연 어떤 맛이 날까? 나아가 다른 사람들이 당신의 말에서 어떤 맛을 느꼈으면 하는가? 나의 경우 누구나 자꾸 먹고 싶도록 감칠맛 나게 말하고 싶다.

자꾸 생각나는 맛있는 음식처럼 계속해서 더 듣고 싶게 말하는 사람에게는 과연 어떤 비결이 있을까. 힌트는 TV 드라마 속에 있다.

흔히 시청률만을 겨냥해서 억지스러운 상황을 연출하는 드라마를 일컬어 '막장'이라고 한다. 하지만 욕을 하면서도 그런 드라마를 즐겨보는 이유는 과연 뭘까. 어떻게 진행될지 궁금하기 때문이다. 이는 최대 효과를 얻기 위한 TV 드라마의 속성이기도 하다.

이처럼 한 번에 결말을 짓지 않고 감질나게 조금씩 이어가면 사람들은 앞으로의 전개를 계속 기대하는 한편 지나간 대화 역시 오래 기억하게 된다. 이는 다음 회가 방송될 때까지 드라마의 지난 줄거리를 잊지 않는 것과 같다. 이를 가리켜 '자이가르닉 효과Zeigarnik Effect'라고 하는데, 열중하던 것을 중도에 멈추게 되면 미련이 남아서 결국 인상 깊게 뇌리에 박히는 심리 현상을 말한다.

러시아 임상심리학자 자이가르닉Bluma Zeigarnik이 학생들을 두 그룹으로 나눈 뒤 간단한 문제를 주고 풀어보라고 했다. 그러고는 한 그룹은 문제를 다 풀고 나서 다음 문제로 넘어가게 했고, 다른 그룹은 문제를 한창 풀고 있을 때 일방적으로 중단시킨 후 곧장 다음 문제로 넘어가게 했다. 그리고 실험이 끝난 뒤 문제의 제목을 물어봤더니, 문제를 다 풀었던 그룹보다 문제를 제대로 풀지 못하고 넘어간 그룹이 두 배나 더 많이 기억했다. 문제를 다 풀지 못한 데 대한 아쉬움 때문에 문제를 더 잘 기억한 것이다.

/// 상대가 내 말을 듣고 싶도록 갈증 나게 해라

자이가르닉 효과는 대화에서도 활용할 수 있다. 말에게 물 먹이기 전략이라고 생각하면 쉽다.

옛 속담에 "말을 물가로 끌고 갈 수는 있어도 물을 마시게 하기는 어렵다."는 말이 있다. 하지만 이는 잘못된 것이다. 말에게 쉽게 물을 마시게 하는 방법이 있기 때문이다. 그것도 의외로 간단하다. 갈증이 나도록 소금을 주면 된다. 실제로 호프집에서 공짜로 주는 기본 안주들, 예컨대 팝콘이나 김, 멸치 같은 안주는 쉽게 갈증을 일으킨다. 그러니 맥주를 많이 마실 수밖에 없다.

대화 역시 마찬가지다. 상대가 내 말을 듣고 싶도록 갈증 나게 만들면 된다.

모 잡지사에서 커뮤니케이션에 관한 인터뷰 요청을 받은 적이 있다. 며칠 후 약속장소로 나가 기자를 만났는데, 굉장한 미인이었다. 그 때문인지 효과적으로 대화하는 법에 관해 더 열심히 말했다. 그런데 인터뷰를 마칠 때쯤 기자가 자신의 커뮤니케이션 방법에서 개선할 부분이 있는지 개인적으로 물어봐도 되겠냐고 했다. 기회다 싶어서 그 부분에서 바로 자이가르닉 기술을 적용했다.

나는 기자의 커뮤니케이션에 3가지 문제점이 있다고 했다. 그랬더니 기자가 깜짝 놀라며 자세히 좀 알려달라고 했다. 그래서 두 가지 문제에 대해 친절하게 설명해준 뒤 갑자기 시계를 보며 다른 약속이 있다고 둘러대고, 나머지 하나는 다음 기회에 말해주겠다고 했다. 아니나 다를까

기자는 매우 아쉬워하면서 나중에 연락해도 되겠냐고 물었다. "뭐, 그러시죠."라고 한 후 나는 부리나케 그곳을 빠져나왔다. 실은 그다지 바쁜 일도 없었는데 말이다. 이틀 후 기자가 나머지 하나를 꼭 듣고 싶다며 연락해온 것은 물론 맛있는 점심까지 대접받았다. 이것이 바로 말에게 물 먹이기 전략이다.

다 말하지 말고 여운을 남겨라. 상대를 설득하기가 훨씬 쉬워진다. 특히 사람은 불완전한 것을 어떻게든 완성하고 싶어 하고, 부족한 부분을 확보해서 전체적으로 파악하고 싶은 습성을 갖고 있기에 자이가르닉 전략을 매우 유용하게 사용할 수 있다.

실생활에서도 마찬가지다. 애인에게 무엇인지 알 듯 말 듯 말을 흘림으로써 상대의 관심을 지속시킬 수 있다. 예를 들면, "할 말이 있는데… 아냐, 지금은 아닌 것 같아. 오빠가 한번 잘 생각해보면 알 수도 있어!"라고 하면 남자친구는 온종일 그 말이 궁금해서 애가 타고, 결국 도대체 무슨 이야기냐며 전화기에 불이 날 것이다. 그만큼 상대를 많이 생각하게 되는 것은 재론할 여지가 없다.

자이가르닉 효과의 원천은 긴장이다. TV 드라마를 볼 때 자연스럽게 내용이 연결되어 이해되도록 우리는 이전 줄거리를 잊지 않고 기억한다. 이렇게 형성된 긴장은 내용을 이어준 후에도 곧바로 사라지지 않는다. 다만, 긴장이 오래 유지되면 불쾌해질 수 있으므로 유의해야 한다. 아무리 좋은 음식도 너무 자주 먹으면 질리듯이 아무리 좋은 기술도 너무 자주 사용하면 효과가 떨어지는 법이다. 그런 점에서 자이가르닉 전략은 효과가 강력한 만큼 아껴서 사용해야 한다.

KEY POINT

성공보다 실패를 더 오래 기억하고, 이루어지지 않은 첫사랑을 잊지 못하는 것 역시 대표적인 자이가르닉 효과다. 이렇듯 우리 뇌는 미완성 과제를 계속해서 되새기는 경향이 있다.

업무에서도 자이가르닉 효과를 전략적으로 활용할 수 있다. 예컨대, 회사에서 새로운 과업을 부여받았다면, 완벽하게 일을 끝마치고 퇴근하는 것보다 새로운 과업을 조금이라도 살피고 퇴근하는 것이 좋다. 그래야만 뇌가 계속해서 그 과업을 기억하고 새로운 아이디어와 효율적인 방법을 떠올리게 된다.

대화 역시 마찬가지다. 한 번에 다 말해선 안 된다. 여운을 남겨라. 그래야만 상대를 설득하기가 훨씬 쉽고, 상대 역시 나라는 존재를 확실히 인정하게 된다.

반론에서 시작해 동의로 끝내라

/// 무조건 동의하면 역효과가 날 수 있다

상대에게 긍정적인 인상을 주는 가장 쉬운 방법은 상대의 생각에 동의하는 것이다. 이는 무조건적인 아부와는 조금 다른 세련된 자기표현법이다.

흔히 사람들은 자신과 같은 의견을 가진 사람을 더 좋아하고 가까이하려는 성향이 있다. 그러다 보니 어떤 집단이건 아부 잘하는 사람들이 꼭 있게 마련인데, 그들은 상대가 옳다며 상대 말에 무조건 동조한다. 하지만 무턱대고 아부만 할 경우 짜증이나 불쾌감을 줄 수도 있다. 가식적인 모습이 눈에 빤히 보이기 때문이다. 이런 경우에는 과연 어떻게 해야 할까.

이럴 때는 동의 기법을 사용하는 것이 좋다. 간단히 말해 처음에는 상대 말에 반론을 제기하다가 서서히 양보하는 기법이다. 예컨대, 처음 만난 여성에게 "여성의 내숭에 대해 어떻게 생각하세요?"라고 물었는데,

상대 여성이 이렇게 답했다고 하자. "글쎄요. 여자들에게 조금은 필요한 것 아닐까요?" 그 대답을 듣고 이렇게 말하면 어떨까. "네, 맞습니다. 여성들에게 내숭은 정말 필요합니다. 어쩌면 그렇게 말씀을 잘하세요? 정말 대단하네요."

과연, 그 여성은 그 말을 듣고 기분이 좋을까. 그렇지 않다. 너무 아첨하는 것 같아서 불편할 것이 틀림없다.

/// 상대에게 더 큰 만족감을 주려면 반드시 설득 과정을 거쳐라

이렇듯 처음부터 상대 말에 무조건 동의하면 자칫 역효과가 날 수 있다. 그렇다면 상대의 말에 반론을 제기하다 서서히 양보하는 동의 기법은 어떨까.

"여자에게 내숭은 조금 필요한 것 아닐까요?"라는 말에 "저는 그렇게 생각하지 않습니다."라거나 "정말 그렇게 생각하세요? 저는 이해가 되지 않는데요."라고 반론을 제기하는 것이다. 그러면 상대 역시 다시 반론을 제기할 것이다. "말씀은 그렇게 하시지만, 여자 쪽에서 너무 적극적으로 나오면 오히려 부담스러울걸요? 남자들은 신비롭고 매력이 있는 여자를 좋아하잖아요."

이제 가벼운 맞장구를 칠 차례다. 조금씩 상대에게 설득되는 것처럼 말이다.

"듣고 보니 그럴지도 모르겠네요."

이렇게 하면 자신의 힘으로 설득했다는 성취감에 상대가 대화에 더욱 집중할 뿐만 아니라 당신의 말에 만족하게 된다.

무릇 힘들게 얻은 것이 더 소중한 법이다. 따라서 상대의 말을 무조건 동의하기보다 당신을 설득하는 과정을 거치는 것이 상대에게 더 큰 만족감을 준다. 이를 전략적 아부$^{Strategic\ flattery}$라고 한다.

이 기법은 TV 드라마에도 자주 나온다. 늘 자신에게 아부하는 말만 듣던 부잣집 딸이 가진 것도 없으면서 자신을 대수롭지 않게 여기는 남자를 만나면 처음에는 화가 나지만 점점 상대에게 매력을 느낀다. 약이 올라 상대에게 집중하다가 사랑에 빠지는 것이다.

동의 기법을 쓸 때는 타이밍을 잘 조절해야 한다. 너무 빨리 주장을 굽히거나 자기주장을 너무 오래 고집하면 효과가 없기 때문이다. 그런 점에서 약간의 센스를 필요로 하는 대화 기법이라고 할 수 있다.

KEY POINT

처음부터 상대 말에 무조건 동의하면 자칫 역효과가 날 수 있다. 조금씩 상대에게 설득되는 것처럼, 상대의 말에 반론을 제기하다 서서히 양보해야 한다. 그래야만 자신의 힘으로 설득했다는 성취감에 상대가 대화에 더욱 집중하고, 당신 말에 만족하게 된다.

모호하게 말하라

/// 뛰어난 점쟁이일수록 모호하게 말한다

상대의 속마음을 간파하는 데 뛰어난 재능을 가진 사람들이 간혹 있다. 착실한 가장으로 인정받는 친구에게 뜬금없이 "너 요즘 얼굴 좋아 보인다. 혹시 애인이라도 생겼냐?"라고 물어서 당황하게 만드는 유형이다. 또한, 그들은 단 몇 마디만으로 처음 만나는 사람을 기쁘게 하기도 한다. "소개하신 분은 냉정한 스타일이라고 했는데, 직접 뵙고 보니 의외로 정이 깊으신 분 같네요."

사람은 자신의 내면까지 헤아려주는 이들에게 감탄하고 마음을 연다. 그런 사람들은 기본적으로 상대를 관찰하는 능력도 탁월하지만, 여기에 더해 '밑밥'을 던져놓고 상대가 알아서 물도록 하는 화술 역시 뛰어나다.

상대가 알아서 걸려들도록 하는 기술은 단순한 대화 기법이라기보다는 고도의 심리전에 가깝다. 이러한 심리를 단적으로 설명하는 이론이 바로 '바넘 효과Barnum Effect'다.

바넘 효과는 19세기 말 미국 링링 서커스단에서 사람들의 성격과 특징 등을 알아내는 일을 하던 바넘이라는 사람에게서 유래했다. 미국 심리학자 버트램 포러[Bertram R. Forer]가 성격진단 실험을 통해 처음으로 증명한 까닭에 '포러 효과[Forer effect]'라고도 한다.

어느 날, 그는 자신이 가르치는 학생들을 대상으로 성격 테스트를 한 후 신문에 실린 점성술 관련 기사를 적당히 고쳐서 학생들에게 테스트 결과라며 나눠주었다. 하지만 그것은 대부분 사람이 가진 보편적인 특성을 기술한 것에 불과했다. 그는 이 테스트 결과가 실제 자신의 성격과 얼마나 맞는지 학생들에게 평가해달라고 했다. 그러자 자신이 받은 테스트 결과가 자신에게만 적용되는 것으로 착각한 학생들은 대부분 자신의 실제 성격과 잘 맞는다고 대답했다.

포러가 학생들에게 나눠준 테스트 결과는 다음과 같았다. 혹시 당신의 성격과는 얼마나 부합하는지 체크해보기 바란다.

당신에게는 호감 가고 존경받는 존재가 되고자 하는 욕구가 있지만, 비판적인 성향이 있다. 당신의 성격은 일부 고쳐야 할 점이 있지만, 일반적으로 극복 가능한 수준이다. 당신 내면에는 아직 당신이 활용하지 않은 훌륭한 재능이 숨겨져 있다. 겉으로 보기에 당신은 자신을 잘 조절하고 억제하고 있지만, 내면에는 걱정도 많고 불안정한 점이 있다. 때로는 자신의 결단이나 행동이 올바른지 혼란스러워 고민하기도 한다. 당신은 변화와 다양성을 좋아하고, 규칙이나 규제에 묶이는 것을 싫어한다. 다른 사람들의 주장에 충분한 근거가 없다면 받아들이지 않을 만큼 독자적으로 사고한다고 생각하며, 이를 자랑스러워한다. 또한, 외향적이고 붙임성이 있으며, 사회성도 좋은 편이지만, 실제로는 소심하고 과묵한 면도 있다. 때로는 비현실적인 것을 바라기도 한다.

/// 자신에게 유리한 얘기일수록 사람들은 알아서 해석한다

사람들은 보통 막연하고 일반적인 특성을 자신의 성격으로 묘사하면, 다른 사람들에게도 그러한 특성이 있는지는 생각하지 않고 자신만이 가진 독특한 특성으로 믿는 경향이 있다. 이러한 경향은 자신에게 유리하거나 좋은 것일수록 더 강해진다.

이렇듯 착각에 의해 어떠한 결과를 주관적으로 끌어다 붙이거나 정당화하는 것이 바로 바넘 효과다. 바넘 효과는 점성술이나 성격심리학에서 특히 두드러진다.

한때 우리나라 여성들의 기피 대상 1호는 'B형 남자'였다. B형 남자는 자유분방하고, 자기중심적이며, 까칠하다는 선입견 때문이었다. 이는 혈액형 성격 심리학을 맹신하는 데서 비롯된 것으로, 지금도 처음 만나는 사람에게 혈액형을 물어보며 상대의 성격을 점치기도 한다. 하지만 우리나라와 일본을 제외한 대부분 나라에서는 혈액형에 따른 특징적 성격이 있다는 사실 자체를 전혀 믿지 않는다. 심지어 헌혈이나 수혈을 하지 않는 한 자신의 혈액형이 뭔지도 모를 정도로 무관심하다. 혈액형이 성격에 영향을 미친다는 연구 결과도 없다. 그런데도 여전히 혈액형별 성격 특징이 옳다며 굳게 믿는 사람이 적지 않다. 심지어 어느 방송사에서 혈액형이 각기 다른 사람들에게 똑같은 성격을 묘사한 질문지를 주면서 자신의 성격과 일치하는지 물었더니, 혈액형에 상관없이 70%가 자신의 성격과 같다고 했다는 실험 결과도 있다. 아전인수식 해석이 그저 놀라울 따름이다.

이러한 심리 현상을 대화법에 적용하면 조금 새로운 기법을 발견할 수 있다. 일반적으로 대화는 상대의 특성에 맞춰야 효과적이라고 생각지만, 여러 명과 동시에 이야기해야 할 때는 개개인의 특성에 맞추는 것이 불가능하다. 이럴 때는 차라리 애매하고 일반적인 표현을 쓰는 것이 낫다. 그들이 자기 자신에게 맞는 방향으로 당신의 말을 알아서 해석하기 때문이다. 이런 현상을 가리켜 '우물 효과'라고도 하는데, 어떤 말이 모호할수록, 즉 우물의 깊이가 깊으면 깊을수록 그것을 듣는 사람들이 자기자신의 모습을 더 많이 발견하게 되는 현상을 말한다. 그러니 애초에 정확하게 말할 자신이 없다면 모호하게 말하는 것이 좋다. 듣는 사람이 알아서 해석할 것이기 때문이다.

KEY POINT

누군가의 내면을 설명하려면 그 사람의 특성을 정확히 짚어줘야 한다고 생각하지만, 사실은 전혀 그렇지 않다. 개인적인 특성보다는 누구에게나 적용되는 일반적인 내용을 말하는 것이 훨씬 효과적이기 때문이다. 바넘 효과는 이를 이용하는 것이다. 대화 역시 마찬가지다. 여러 명과 동시에 얘기해야 할 경우 사람마다 특성에 맞춰 대화하기란 불가능하다. 따라서 상대가 알아서 해석할 수 있게 공통적인 특성을 말함으로써 상대의 관심과 흥미를 유발해야 한다.

당연하게 생각했던
패턴을 깨뜨려라

/// 파격을 통해 나를 각인시켜라

비행기를 타면 이륙 전 승무원들이 승객들에게 안전수칙을 설명한다. 비행기를 한 번이라도 타본 사람이라면 승무원들이 줄지어 서서 열심히 설명하던 안전수칙을 기억할 것이다. 하지만 예쁜 승무원 얼굴은 기억해도 그들이 말한 내용을 제대로 기억하는 사람은 거의 없다. 그들이 안내하는 내용은 다음과 같다.

기내 안전 수칙에 대해 말씀드리겠습니다. 이 비행기의 비상구는 앞, 뒤, 좌, 우에 있습니다. 산소마스크는 머리 위 선반에 있으며 비상시 자동으로 내려옵니다. 이와 같이 위에서 아래로 마스크를 착용하고 옆의 끈을 맞게 조여 줍니다. 구명복은 여러분 좌석 밑에 있습니다. 이와 같이 착용하고 양옆에 있는 끈을 앞으로 잡아당기면 자동으로 부풉니다. 덜 부풀어 오르면 양옆의 호스를 입으로 불어주시기 바랍니다. 자세한 내용은 앞 좌석 주머니 속 안내카드를 참조해주시기 바랍니다.

승무원이 아무리 예뻐도 이런 무덤덤하고 평범한 안내를 듣고 박수 치는 사람은 거의 없다. 그런데 사우스웨스트항공^Southwest Airlines의 캐런 우드^Karen Wood라는 비행 승무원은 색다른 방식으로 사람들의 호응을 끌어 내었다.

사랑하는 승객 여러분, 잠시만 제게 주목해주세요. 오늘 이렇게 훌 륭한 안전설비를 여러분께 소개해드릴 수 있어서 매우 기쁩니다. 먼저 1965년 이후로 자동차를 타본 적이 없는 분들께 알려드립니다. 안전벨트 를 채우려면 한쪽 끝에 달린 평평한 금속을 다른 한쪽의 버클 안쪽에 집 어넣으면 됩니다. 안전벨트를 풀고 싶으실 때는 버클을 위로 들어 올리 고 반대쪽 띠를 잡아당기십시오.

애인과 헤어지는 방법은 50가지 이상이 있을지도 모르지만, 이 비행기 에서 나가는 방법은 단 여섯 가지뿐입니다. 앞쪽에 있는 두 개의 출입구 와 양쪽 날개에 달린 두 개의 비상문 그리고 선체 뒤쪽에 있는 두 개의 출 입구가 바로 그것입니다. 각 비상탈출구의 정확한 위치는 승객 여러분의 머리 위에 표시되어 있으며, 바닥 양쪽에 설치된 하얗고 붉은 조명을 따 라가면 쉽게 발견할 수 있습니다. 앗, 방금 올려다보신 거 맞죠? 나중에 보세요.

그녀가 설명을 마치자 승객들은 뜨거운 박수와 환호성을 질렀다.

/// 엉뚱하고 기발한 발상으로 예상을 깨라

사람들이 대화하며 가장 간절히 원하는 것은 뭘까. 미소나 맞장구, 동의 등 여러 가지가 있지만, 이를 한 단어로 정리하면 '호응'이라고 할 수 있다. '호응'의 사전적 정의는 '부름에 응답한다.'로, 부름이나 호소 등에 대답하거나 그에 응하고 서로 통하는 것을 말한다.

앞서 말한 캐런 우드는 승객들이 이제껏 수십 번이나 들었을 안전수칙에 관한 설명 패턴을 파괴함으로써 승객들의 뜨거운 호응을 끌어냈다. 그와 비슷한 사례가 국내에도 있다.

저가를 무기로 하는 제주항공은 가격뿐 아니라 차별화된 서비스로도 주목받고 있는데, 이색적인 기내방송도 한몫하고 있다.

손님 여러분, 잘도 반갑수다게. 저는 예 제주도 출신 곱딱하고 요망진 ○○○ 승무원이우다. 즐겁게 모시는 제주항공과 함께해 잘도 고맙수다. 이 비행기는 다 알지예? 제주도까지 데려다주는 제주항공 ○○○편이우다예. 제주도까지 비행시간은 얼마 안 걸려 마심. 55분이면 되난, 막 조들 지말앙 기다립써.

경하고 안전하게 제주까지 데려다줄 기장은 ○○○이우다. 담배가 피고 싶어도 호끔만 춤앙이십써. 법으로 금지돼 있는 거라 부난 나도 어떵 못해 마씸. 경허난 제주도 갈 때까지는 피면 안 됩니다예.

혼 사람에 호나씩 가지고 댕기는 전화기 있지예. 휴대폰이랜 하는 거. 그건 다들 알앙 잘 꺼줍써. 우리가 뭐랜 고람신디 왁왁허지예? 경해도 알앙 잘 갈켜난 조들지 맙써.

제주까지 잘 모셔다 드리잰 막 노력허는 우리 제주항공허고 고치해? 잘도 고맙수다. 제주도까지 가는 동안 편히 쉽써예.

제주항공의 특성을 100% 살린 사투리 방송이다. 여기에 웃음으로 화답하지 않을 사람이 과연 있을까.

이렇듯 엉뚱하고 기발한 발상으로 지금까지 당연하게 생각했던 패턴을 깨뜨리면 상대의 주의를 집중시키는 것은 물론 자신의 존재를 확실하게 각인시킬 수 있다.

KEY POINT

사람들의 호응을 끌어내려면 가장 먼저 주의와 시선을 집중시켜야 한다. 가장 확실한 방법은 그동안 당연하게 생각해왔던 패턴을 깨뜨리는 것이다. 예상했던 상황이 전혀 다른 방식으로 전개될 때 사람들은 당황하면서도 관심을 갖기 때문이다. 무덤덤하고 평범한 말로는 사람들의 관심은 물론 호응을 끌어낼 수 없다. 듣고 있는 척하지만, 속으로는 '그래서 어쩌라고?'를 외칠 뿐이다.

함께 있고 싶은 사람이 되어라

/// 권위 있는 사람과 권위적인 사람은 다르다

여성들은 친구와 함께 음식을 나눠 먹으며 이야기하는 것을 큰 행복으로 생각한다. 패밀리 레스토랑에서 샐러드바를 수시로 오가며 서너 시간은 문제없이 버티는 그녀들을 보고 있노라면 바닥을 모르는 화제 발굴 솜씨에 한번 놀라고, 원기 왕성한 식성에 또 한 번 놀라게 된다.

그런 그녀들이 다시 한번 우리를 놀라게 할 때가 있다. 바로 남자친구와 함께 있을 때다. 친구들과 있을 때는 본전 뽑아야 한다며 뷔페를 몇 바퀴씩 돌기 일쑤인 그녀들이건만, 남자친구 앞에서는 밥을 반도 채 먹지 않고 배부르다고 한다. 그러고는 집에 와서 양푼 가득 밥을 비벼 먹으면서 "배고파 죽는 줄 알았다."고 투덜댄다. 오죽하면 남자친구 앞에만 서면 변모하는 그녀들의 모습에 치를 떠는 친구들도 있다.

개개인이 가진 매력은 사람마다 다르지만, 이런 장면을 보면 많은 여성이 여전히 오드리 헵번처럼 가녀리고 깜찍한 매력을 발산하고 싶어 하는 듯하다.

미국 사회심리학자 패트리샤 플리너^{Patricia Pliner}와 셸리 채이켄^{Shelly Chaiken}은 이와 관련해서 재미있는 실험을 했다. 그녀들은 한 여성에게 과자 15개를 주고는 마음대로 먹으라고 했는데, 실험실에 남성이 있느냐 여성이 있느냐에 따라서 먹은 과자의 숫자가 달라졌다고 한다. 실험에 참여한 여성은 남성이 있을 때보다 여성이 있을 때 더 많은 과자를 먹었다. 재미있는 것은 남성에게 매력을 느낀 경우에는 평균 8개 정도를, 매력을 느끼지 않은 경우에는 평균 12개를 먹었다는 것이다. 남성에게 잘 보이고 싶은 여성의 심리가 과자를 먹는 양으로 나타났다고 할 수 있다.

우리는 누군가를 대할 때 의식적으로 잘 보이려고 한다. 상대가 마음에 드는 경우에는 더욱더 그렇다. 대화하면서도 상대가 좋아할 만한 주제와 표현을 끊임없이 고민하고 그 반응을 관찰한다. 그러다 보니 어떨 때는 신경이 쓰여 말하는 것만으로도 쉽게 피곤해지기도 한다.

셰익스피어^{William Shakespeare}의 작품《뜻대로 하세요^{As You Like It}》의 2막 7장을 보면 이런 대사가 나온다.

"이 세계는 하나의 무대이며, 우리는 모두 연기자에 불과하다. 제각기 나오는 장면도 있고, 들어가는 장면도 있으며, 평생 수많은 역할을 연기한다."

이렇듯 우리는 다양한 모습을 보이며 살아간다. 나아가 많은 사람이 자신의 이미지를 수시로 점검하고 자신이 바라는 이미지대로 행동하는 경향이 있다.

다른 사람에게 자신의 말이 어떻게 인식되는지 관리하는 일련의 과정을 '자기표현Self-expression'이라고 한다. 자기표현은 상대에게 잘 보이려고 하기도 하며, 때로는 자신이 원하는 방식으로 상대가 반응하게끔 유도하려고 하기도 한다. 그러다 보니 상대에게 잘 보이려고 긍정적인 표현만 하는 게 아니다. 때로는 위협적인 말을 하기도 한다. 직장상사들이 부하직원들을 엄격하게 대하고, 아버지들이 무뚝뚝한 표정으로 아이들을 대하는 것, 불량배들이 상대를 위협하기 위해 침을 뱉으며 욕하는 것이 그 대표적인 경우다.

이런 행동들은 자신이 원하는 이미지가 권위 있는 사람이고, 누구나 두려워하는 존재이기 때문에 나오는 것이다. 하지만 부정적인 자기표현은 자신을 모든 사람이 꺼리는 사람으로 만들 뿐이다. 그 때문에 엄격하기만 한 상사는 부하직원들의 진심 어린 존경을 받지 못하며, 무뚝뚝한 아버지는 아이들과 격의 없이 지낼 수 없다. 권위 있는 사람보다는 그저 권위적인 사람이 되고 말기 때문이다. 따라서 부정적인 자기표현보다는 모두에게 좋은 인상을 주는 긍정적인 자기표현에 주력하는 것이 훨씬 바람직하다.

KEY POINT

밝고 긍정적인 사람과 얘기하다 보면 나 역시 밝고 긍정적으로 된다. 또한, 긍정적인 말은 긍정적인 행동을 낳는다. 반면, 부정적인 말은 열정과 의욕을 떨어뜨릴 뿐만 아니라 사람을 부정적으로 변하게 한다. 예컨대, 한 가지 일에 대해 갖고 있던 우리 열정이 100이었다면 부정적인 사람과 어울릴 경우 그 절반 수준인 50으로 떨어질 수 있다. 그러나 긍정적인 사람과 어울리면 그 배인 200이 된다. 긍정적으로 생각하면 더 좋은 아이디어를 얻을 수 있기 때문이다. 그러니 부정적인 사람보다는 긍정적인 사람들과 어울리고 그들과 더 많은 대화를 해야 한다.

숫자 하나 바꿨을 뿐인데

/// 대화는 양보다 질! 짧고, 간결하게 말해라

우리가 활용할 수 있는 자원 중 누구에게나 공평하게 주어지는 것이 딱 하나 있다. 바로 시간이다. 잘난 사람이건 못난 사람이건 간에 하루가 24시간이라는 데는 변함이 없다. 아무리 돈이 많아도 하루를 25시간으로 살 수는 없다. 그러다 보니 시간 관리는 자기계발의 가장 중요한 화두일 뿐만 아니라 어떻게 하면 하루 24시간을 잘 쪼개서 유용하게 사용할 수 있는지에 관심이 매우 많다. 실제로 한두 시간만 집중해서 온종일 해야 할 일을 끝낸 경험이 한 번쯤 있을 것이다.

양보다 질이 중요한 것은 대화 역시 마찬가지다. 오랫동안 같이 있어도 여전히 어색한 사람들이 있는가 하면, 10분 동안의 대화만으로도 서로의 관심사를 꿰뚫고 쉽게 친해지는 사람들도 있다. 특히 요즘처럼 바쁜 세상에서는 쓸데없는 말로 시간만 잡아먹는 사람처럼 난감한 존재도 없다. 그러니 사람들에게 민폐를 끼치지 않기 위해서라도 짧은 시간 안에 효과적으로 대화하는 기술이 매우 중요하다.

짧게 대화하는 습관이 중요한 이유는 또 있다. 우리가 집중해서 대화할 수 있는 시간은 고작 10~15분 정도라는 연구 결과가 있다. 그러니 중요한 사안이라고 해서 장황하게 말하는 것보다 짧고 간결하게 말하는 것이 좋다. 이를 반영하듯, 외국의 어느 컨설팅 회사는 직원을 뽑을 때 '엘리베이터 면접'이라는 독특한 방법을 사용하기도 한다. 엘리베이터를 타고 회사 건물 꼭대기까지 올라갔다가 다시 내려오는 데 대략 3분 정도 걸리는데, 그동안 상대에게 정확하게 자신을 설명하고 상대를 설득할 수 있는 능력을 테스트하는 것이다. 만일 주어진 3분을 제대로 활용해서 상대를 설득했다면 합격이고, 그렇지 못했다면 엘리베이터에서 내려 집으로 가면 된다.

/// 시트콤 기법을 활용해 설득하라

프랑스 브르타뉴쉬드대학 심리학과 교수인 니콜라스 게구엔Nicholas Gueguen 박사는 한 가지 재미있는 실험을 했다.

그는 200세대의 집을 방문해서 팬케이크를 판매했는데, 100세대에는 1개에 2프랑을 받았고, 나머지 100세대에는 1개에 1.99프랑을 받았다. 그 결과, 2프랑에 팬케이크를 판매했을 때는 45.5%가 구매한 반면, 1.99프랑에 판매했을 때는 59%가 구매했다. 끝이 딱 떨어지는 2프랑보다는 1.99프랑이 훨씬 저렴하다고 느꼈기 때문이다. 이는 어중간한 숫자로 의욕을 불러일으키는 우수리 효과Fraction Effect가 그만큼 효과적임을 말해준다.

약속 시간을 정할 때도 우수리 효과를 활용할 수 있다. 사람들은 약속 시간을 정할 때 보통 "5시에 만나자"라는 식으로 약속한다. 조금 구체적으로 한다고 해도 "5시 30분에 만나자."라는 정도다. 우수리 효과는 이보다 더 구체적으로 약속 시간을 정하는 것이다. 즉, 5시보다는 "5시 15분에 만나자."라며 좀 더 구체적인 시간을 정하는 것이다. 이렇게 하면 3가지 커뮤니케이션 효과가 발생한다.

첫째, 상대에게 심리적 부담감을 준다. '아, 저 사람이 무척 바쁜가 보다. 오죽하면 저렇게 분 단위로 약속을 정할까.'라는 생각에 '절대 약속에 늦지 말아야지.'라는 긴장감을 느끼게 하는 것이다.

둘째, 나에 대해 좋은 인상을 준다. 분 단위로 약속을 정하면 상대는 마음속으로 '저 사람이 바쁜 데도 일부러 시간을 내서 나를 만나주는구나.'라는 고마움을 느끼게 된다.

셋째, 시간 낭비를 줄일 수 있다. 흔히 5시에 만나자고 하면 5시 10분이나 15분쯤 되어야 사람들이 모두 모인다. 문제는 그런데도 전혀 미안해하는 기색이 없는 경우가 많다는 것이다. 그 이유는 대부분 사사오입, 즉 반올림해서 시간을 생각하기 때문이다. 즉, 5시 15분이라도 대충 반올림해서 5시로 간주하는 것이다. 그래서 전화 약속을 할 때도 "5시쯤 전화 달라."고 하면 정확히 5시에 하지 않고 10분이나 많게는 30분이 지나서 하는 경우가 많다. 전화를 기다리는 사람 입장에서 보면 이만저만한 시간 낭비가 아니다.

시간을 알뜰하게 배분했다면 이제 대화법에 관해 고민해야 한다. 짧은 시간 안에 효율적이고도 즐겁게 이야기하는 방법으로 시트콤 기법을 차용하는 법이 있다.

시트콤은 짧은 시간에 많은 즐거움과 웃음을 주는데, 그 이유는 한 편의 드라마에 두 가지 이상 에피소드를 동시에 전개하기 때문이다. 아무리 재미있는 시트콤이라도 한 가지 이야기로만 계속 진행하면 보는 사람이 금방 지루해한다. 그 때문에 다양한 출연자를 등장시켜 별로 연관이 없는 두 가지 이상 에피소드를 동시에 전개해서 다양한 즐거움을 준다.

대화할 때도 상대에 맞춰 두세 가지 주제를 준비하는 것이 좋다. 그렇게 해서 상대가 지루해할 만하면 다른 주제를 끄집어내서 또 다른 재미를 느끼게 해야 한다. 시트콤 기법은 즐거움을 잃지 않고 다양한 주제를 두루 다룰 수 있는 일거양득의 똑똑한 대화법이다.

KEY POINT

우리가 집중해서 대화할 수 있는 시간은 10~15분 정도가 고작이다. 그러니 가능한 한 짧고 간결한 말로 상대를 설득해야 한다. 그러자면 무의미하고 장황한 말보다는 인상적이고 구체적인 메시지를 담은 우수리 효과와 두세 가지 주제를 함께 준비하는 시트콤 기법을 적절하게 활용하는 것이 좋다. 그럴 경우 상대의 주의를 집중시키는 것은 물론 무료하지 않게 대화할 수 있기 때문이다.

4장

숨겨진 본심을 읽는 설득의 기술

KEY POINT

실용적인 면에서 커뮤니케이션의 목적은 상대를 내 뜻대로 설득하는 것이다. 하지만 쉬운 설득은 어디에도 없다. 심지어 자기 아이 하나도 설득하기가 어려운 것이 현실이다. 우리가 설득에 관해 오해하는 것이 하나 있다. 다름 아닌, 설득이란 내가 하는 것으로 생각한다는 것이다. 하지만 설득은 내가 하는 것이 아니라 상대가 스스로 하게 하는 것이다. 나는 다만 그 과정을 도울 뿐이다. 따라서 설득하는 말 역시 상대의 입에서 나와야 한다.

더블바인드DOUBLE BIND는 상대가 거절하지 못하게 하는 기법으로, 대화의 초점을 양자택일로 몰아감으로써 거절 대신 하나를 선택하도록 유도하는 방법이다. 한마디로 상대가 '아니오', '안 돼요'와 같은 말을 하기 어렵게 만드는 방법인 셈이다. 예컨대, 데이트 신청을 하고 싶다면 이렇게 묻는 것이다. "저랑 같이 식사하실래요? 아니면, 술 한 잔 어때요?" 그러면 상대 입장에서 문법적으로 '안 되는데요', '싫어요'라고 대답하기가 참 모호하다. 둘 중 뭘 선택할지 물었는데 싫다고 말하는 게 맥락에도 맞지 않을뿐더러 뜬금없기 때문이다.

__ 더블바인드, '거절할 수 없게 물어라'에서

이겼는데
왜 기분이 찜찜할까

/// 칼보다 강한 세 치 혀의 힘

서희. 고려 성종 재위 시 내부시랑을 지낸 그는 우리나라 역사상 가장 극적인 협상을 이끈 장본인으로 알려져 있다. 특히 거란 장군 소손녕과 벌인 7일간의 담판은 그의 이름을 1,000년을 뛰어넘어 오늘날까지 빛나게 하고 있다.

서기 993년, 거란은 80만 대군을 이끌고 고려를 침략했다. 당시 거란은 만주와 중원을 장악한 대제국이었지만, 발해를 멸망시켰다는 이유로 고려와는 국교를 맺지 않은 터였다. 그러던 차에 거란이 무조건 항복을 주장하며 침입하자 고려 조정은 큰 혼란에 빠졌다. 그때 이유도 모른 채 항복부터 하는 것은 말도 안 된다고 주장한 이가 바로 내부시랑 서희였다. 그는 곧 왕명을 받아 소손녕과 담판을 벌였고, 항복은커녕 오히려 압록강 이남의 '강동 6주'를 얻는 혁혁한 성과를 올렸다. 몇 번의 전투로도 이기지 못한 전세를 단 한 사람의 세 치 혀로 뒤집은 것이다.

FTA니, 6자회담을 위한 실무자 협상이니 하는 국가 간 협상이 주요 뉴스로 다뤄지곤 한다. 강대국 틈바구니에서 활로를 찾아야 하는 만큼 조금이라도 유리한 쪽으로 협상하면 좋으련만, 협상단이 결과를 발표할 때마다 성과를 거두기보다는 어쩐지 손해를 봤다는 느낌을 지울 수 없다. 그래서일까. 국가 간 협상에 문제가 생길 때마다 우리는 서희의 협상을 떠올리며 깊은 탄식을 내뱉곤 한다.

/// 성공적인 협상의 기본은 '윈─윈'

흔히 협상하면 외교 협상이나 비즈니스 협상처럼 전문가들이나 하는 것으로 생각하곤 한다. 하지만 그것은 착각일 뿐이다. 우리 생활 모든 부분이 협상이라고 해도 과언이 아니기 때문이다. 집을 살 때 가격을 줄다리기하는 것도 협상이고, 시장에 장 보러 가서 덤을 달라며 떼쓰는 것도 협상이다. 또한, 아이에게 시험 잘 보면 장난감 사준다고 꾀는 것도 협상이며, 애인에게 결혼 안 해주면 다리에서 뛰어내리겠다며 위협하는 것도 일종의 협상이다.

일단, '협상은 특별한 능력'이라고 생각하면 더욱더 어려워하고 꺼리게 되는 경향이 있다. 실례로, 마음에 드는 물건을 사려다가 주인이 안 깎아주면 짜증을 내면서 "에잇! 안 사고 말지."라며 나오거나, 데이트 신청을 하다가 여성이 계속 거절하면 "너 아니면 여자가 없냐?"라며 때려치우곤 한다. 하지만 도중에 그렇게 포기하고 나면 달라지는 게 뭐가 있겠는가. 아쉬움과 섭섭함에 괜히 마음만 상할 뿐이다.

사람들이 협상을 어렵게 생각하는 이유는 어떻게든 이겨서 이익을 봐야 한다는 강박감 때문이다. 하지만 성공적인 협상은 양쪽 모두 이익이 되는 것이며, 최소한 서로 손해는 안 봤다는 생각이 들게 하는 것이다.

서희가 담판 끝에 거란을 물리치고 영토를 넓혔으니, 협상 역시 고려의 일방적 승리로 끝났다고 생각하는 사람이 많다. 그러나 그의 협상이 탁월했던 이유는 서로의 목적을 모두 달성한 '윈—윈' 협상이었기 때문이다. 당시 고려 대신 대부분은 거란이 땅을 넓히기 위해 침범했다고 생각했지만, 실은 고려가 송나라와만 친교하는 게 괘씸해서 쳐들어온 것이었다. 문제의 본질을 파악한 서희는 "압록강 부근은 원래 고려의 땅인데 여진이 차지하고 있어서 거란과 왕래하지 못한 것뿐"이라며, "육로를 터주면 국교를 맺겠다."고 제안했다. 그 결과, 교통에 장애가 되는 강동 6주는 고려 땅이 되었고, 거란은 원하던 대로 고려와 국교를 맺을 수 있었다.

/// 너무 쉽게 '예스'라고 하지 말라

협상의 이상적인 형태가 '모두의 만족'이라면, 최후의 보루는 '적어도 나는 손해 보지 않는 것'이다. 하지만 대부분 흥정하고 토론해서 결론을 낸 다음에는 왠지 모르게 찜찜한 것이 사람 마음이다. 자신만 손해 본 듯한 느낌이 들기 때문이다. 그렇다면 어떻게 하면 찜찜하지 않은 성공적인 협상을 할 수 있을까.

서희와 같은 위대한 협상가는 아니더라도 일상의 소소한 협상에서 성과를 거두려면 몇 가지 원칙을 세워둘 필요가 있다.

첫째, 너무 쉽게 '예스'라고 말해선 안 된다.

얼마 전 사무실을 옮기느라 여기저기 알아보러 다닌 적이 있다. 한참 발품을 판 끝에 전망도 좋고 교통도 편리한 곳을 발견했지만, 가격이 너무 비쌌다. 그래도 혹시나 하는 마음에 조심스럽게 가격 이야기를 꺼내며 조금 부담된다고 했더니, 주인이 얼마면 되겠냐고 되물었다. 그래서 말이나 해보자는 심정으로 시세보다 약간 낮은 가격을 제시했는데, 이게 웬일인가. 두말하지 않고 시원스럽게 가격을 깎아주겠다는 것이었다. 나는 고마운 마음에 '이게 웬 떡이냐'며 그 자리에서 바로 계약금을 주고 도장을 찍었다.

사실 그 정도면 잘했다며 스스로 대견하게 생각해야 옳다. 그런데 사람 마음이 그렇지 않은지 돌아오는 내내 후회가 밀려왔다. '이렇게 쉽게 깎아주다니 뭔가 좀 이상한데? 건물에 무슨 문제라도 있는 것 아냐?', '그렇게 쉽게 깎아줄 줄 알았다면 좀 더 낮춰 부르는 건데.'라는 걱정과 더 협상하지 못한 아쉬움 때문이었다. 그리고 그 마음은 나중에 사무실을 옮기고도 한동안 사라지지 않았다. 만일 그 건물주가 안 된다며 딱 잡아떼서 가격을 줄다리기하다가 막판에 깎아줬다면 협상에 성공했다는 마음에 큰 승리감을 느꼈을 텐데, 너무 쉽게 '예스'해서 오히려 손해 본 듯한 느낌이 든 것이다. 협상학에서는 이런 심리를 '승자의 속박'이라 한다.

둘째, 기선을 제압해야 한다.

씨름에서 샅바를 먼저 잡아야 유리하듯 협상에서도 우위를 선점하는 것이 중요하다. 예컨대, 옷 가게에 가서 마음에 드는 옷을 발견했다고 하

자. 그다음 순서는 뭘까. 가격을 묻는 건 정답이 아니다. 먼저 옷을 입어본 다음 가격을 물어야 한다. 그러나 가격을 묻는 데도 협상의 기술이 필요하다. 그렇다면 언제 가격을 협상하는 게 가장 유리할까?

①옷 입어보기 전
②옷 입어보는 중
③옷 다 입어보고 나서

정답은 ②번 옷 입어보는 중이다. 옷 입어보기 전에는 주인 입장에서 볼 때 진짜 살 사람인지 구경꾼인지 확신이 서지 않기 때문에 적극적으로 판매금액을 제시하지 않는다. 또한, 옷을 다 입어보고 나서는 가게 주인이 절대적으로 유리하다. 왜냐하면, 옷을 입어봤다는 것은 마음에 들었다는 뜻이기도 하므로 안 깎아줘도 구매할 가능성이 크기 때문이다.

그러나 옷 입어보는 중에 협상을 하면 사는 사람이 칼자루를 쥐게 된다. 즉, 재킷을 한쪽만 끼운 상태에서 잠시 멈춘 뒤 가격을 물어보면 주인이 자기 입맛대로 금액을 말하기가 곤란해진다. 가격을 깎아준다면 나머지 한쪽도 끼우겠지만, 만일 가격이 비싸다면 벗어버릴 수도 있기 때문이다. 그러니 벗어도 안 깎아주면 어떡할지 걱정할 필요가 없다. 협상 주도권은 이미 당신에게 있기 때문이다. 당신에게는 '구매 거부'라는 가장 강력한 최후의 협상 카드가 있다. 설령, 거래가 이뤄지지 않아도 당신이 손해 볼 건 없다는 뜻이다. 매몰 비용이 발생하기 때문이다. '매몰 비용'이란 거래를 성사시키기 위해서 들인 횟수 불가능한 비용을 말한다. 가게 주인으로서는 거래가 성사되지 않으면 손님이 벗어놓은 옷을 다시 정리해야 하니 번거롭고, 그동안 들인 시간과 노력이 아까워 이를 회수하고 싶은 마음에 가격을 깎아주더라도 판매를 성사시키려고 한다. 그러니 물건을 반드시 사야 한다는 강박관념은 버리는 것이 좋다.

끝으로, 결과가 어떻건 협상이 끝났으면 웃는 얼굴로 마무리해야 한다.

협상 목표에 집중하는 건 좋지만, 결과에 미련을 버리지 못하고 계속 얼굴을 붉히는 건 바람직하지 않다. 속곳까지 다 내주고 나중에 후회하는 사람처럼 어리석은 협상가는 없다. 그럴 바에 차라리 중간에 협상을 깨는 게 낫다. 실패를 만회할 기회는 언제든 또 오게 되어 있다.

KEY POINT

협상이 너무 쉽게 끝나면 원하는 것을 얻어도 만족스럽지 않을뿐더러 불만이 생긴다. 이런 일은 일상에서도 비일비재하게 일어난다. 따라서 너무 쉽게 '예스'라고 해선 안 된다. 뭐든지 어렵게 얻어야 더 기쁘고 귀하게 여기는 법이다. 협상에서도 실제로 얻게 된 이익이나 성과보다는 그 과정에서 얻게 되는 만족감이 더 중요하다. 그러니 천천히 동의하는 방법을 통해 상대에게는 만족감을, 자신은 실리를 얻는 '윈-윈' 전략을 구사해야 한다.

방심한 순간을 노려라

/// 거절당할 확률을 낮추려면 어떻게 해야 할까

쓸데없이 호기를 부리는 사람들이 있다. 특히 술만 취하면 자기가 계산하겠다며 고집부리는 사람들이 있는데, 동료가 그렇다면 무척 고마운 일이지만, 내가 당사자라면 다음 날 이만저만 당혹스러운 게 아니다. 시원하게 인심 썼으니 카드값을 메워야 하는데 가진 돈은 없고, 결국 아내에게 손을 내밀 수밖에 없다. 개중에는 솔직하게 고백하며 용서를 구하는 사람도 있지만, 술값 달라는데 "그래, 잘했다"라며 쉽게 돈을 줄 아내는 거의 없다. 그렇다면 여기서 퀴즈. 언제, 어떻게 아내에게 돈을 달라고 부탁하는 게 가장 좋을까.

사람들은 부탁을 싫어한다. 내일 당장 가게 문 닫게 생겼는데도 '아쉬운 소리'는 죽어도 못한다며 고개를 젓는 사람들도 많다. 자존심 상하기 때문이다. 또한, 상대가 부탁을 들어준다는 보장도 없기에 괜히 자기 이미지만 깎을 수 있다. 그래도 살면서 부탁 한 번 안 할 수는 없는 일이다.

기왕 해야 할 부탁이라면 거절당할 확률을 낮추는 방법을 찾아야 한다. 어떻게 하면 아내에게 술값을 얻어낼 수 있을까.

/// 전혀 예상하지 못한 순간, 갑자기 부탁하라

거절당하지 않고 흔쾌히 들어주도록 부탁하는 기술은 여러 가지가 있지만, 가장 효과적인 방법은 상대가 방심한 순간을 공략하는 것이다.

흔히 월급날 돈을 부탁하면 좀 쉬울 것 같지만, 월급이 빠듯한 사람은 월급날이 가장 속상한 법이다. 물가는 오르고, 아이들 학원비다 뭐다 해서 돈 구경도 못 한 채 빠져나가기 일쑤기 때문이다. 그런 형편에 아내에게 술값을 달라고 하는 건 언감생심 말도 안 되는 일이다.

이럴 때는 작은 연출이 필요하다. 출근한다며 나갔다가 5분 뒤에 다시 집으로 뛰어 들어가서 현관문을 쾅쾅 두드린 후, 아내가 깜짝 놀라서 문을 열면 다짜고짜 "나 돈 좀 줘!"라면서 손을 내밀어라. 결과는? 십중팔구는 아내가 화를 내기는커녕 묻지도 않고 선뜻 돈을 내줄 가능성이 높다. 그 이유는 남편에게 급한 일이 생겼다고 짐작하거나 지각할까 봐 걱정해서라기보다는 방심한 상태에서 갑작스럽게 부탁받았기 때문이다.

주부들의 아침은 정신없이 돌아간다. 새벽같이 일어나서 식사 준비하고, 아이들 학교 보내고, 남편까지 출근시키고 난 뒤에야 비로소 한숨을 돌릴 수 있다. 그런데 그 순간, 출근한 줄 알았던 남편이 갑작스레 들이닥쳐 돈을 달라고 하면 얼마나 당혹스럽겠는가. 그 때문에 이유를 물어볼 경황도 없이 달라는 대로 돈을 주고 마는 것이다. 이를 심리학에서는 '순응 효과$^{Adaptation\ Effect}$'라고 한다.

실제로 이와 비슷한 실험이 있었다. 지하철에서 앉아 있는 사람에게 갑자기 다가가 "죄송합니다만, 자리 좀 비켜주시겠습니까?"라고 하면 놀랍게도 56%가 순순히 자리를 비켜준다고 한다. 하지만 사전에 눈치를 챈 승객들은 28%만 부탁을 들어줬다. 그러니 뭔가 부탁할 일이 생기면 상대가 눈치를 채지 못하도록 표정 관리에도 충분히 신경 써야 한다.

/// 한 번에 여러 가지를 동시에 부탁해라

단순명쾌한 대화법의 기본은 한 번에 한 가지만 말하는 것이다. 특히 복잡한 사고를 하지 못하는 어린아이들에게 말할 때는 될 수 있으면 단순하게 말해야 한다. 그래서 대부분 부모는 아이에게 심부름을 시킬 때 한 가지씩 차례대로 시킨다.

"혜진아, 가서 두부 한 모만 사 올래?"

그러고는 두부를 사 오면 또 다른 심부름을 시킨다.

"이제 네 방 좀 치우렴."

과연, 혜진이는 방을 고분고분 치울까?

"왜 항상 나만 시켜!"

이럴 경우 저항에 직면하기에 십상이다. 사실 평균적인 아이라면 첫 번째 심부름에도 반사적으로 '싫어!'라는 말을 외친다. 그렇다면 어떻게 하면 아이들에게 효과적으로 심부름을 시킬 수 있을까.

순서대로 부탁하지 말고 한 번에 몰아쳐야 한다. 심리전의 달인인 한

지인은 이런 방법을 사용한다.

"미진아, 엄마 지금 전 부쳐야 하니까 두부 한 모 사 온 다음 네 방 좀 청소할래? 고마워!"

여러 가지 부탁을 한꺼번에 하는 것이다. 이른바 결합법이다. 권투 경기를 떠올리면 이해하기가 쉽다. 한 방의 핵 펀치를 날리는 선수도 있지만, 정신없이 몰아치는 연타로 상대를 공략하는 선수도 있다. 한 방의 펀치는 피하는 게 가능하지만, 소나기 펀치는 피할 수 없다. 어떻게든 맞게되어 있다. 마찬가지로 두부 한 모만 사 오라고 하면 거절하기가 쉬워지지만, 두부도 사고, 방도 청소해달라고 복잡하게 부탁하면 의외로 선선히 들어준다. 복잡하게 일일이 거절하는 게 귀찮고, 시키는 대로 하는 것이 차라리 속 편하기 때문이다.

거기다가 미진이 엄마가 부탁하는 말을 가만히 살펴보면 여러 가지 논리적인 장치를 발견할 수 있다. 예컨대, "지금 전 부쳐야 한다."라는 말에는 미진이가 심부름을 안 하면 전을 부칠 수 없다는 뜻이 들어 있다. 여기에 마치 부탁을 수락한 듯 '고맙다'는 말로 쐐기까지 박았으니 싫다고 거절하기가 더욱 어려워진다.

결합법은 부탁의 성공률을 높일 뿐만 아니라 여러 번 아쉬운 말을 하지 않아도 된다는 점에서 일거양득이라고 할 수 있다. 단, 주의할 점이 있다. 너무 많이 결합해서 부탁하면 상대가 아예 질릴 수 있으니 두세 가지 정도만 결합해야 한다는 것이다.

/// '왜냐하면'이라는 마법의 단어

결합법이 너무 어렵다면 '왜냐하면'이라는 마법의 단어를 추천한다.

하버드대학교 심리학과 엘렌 랭거Ellen Langer 교수는 실험을 통해 부탁의 성공률을 높이는 아주 간단한 방법을 찾아냈다.

랭거 교수의 조교는 도서관에서 복사하기 위해 줄을 서서 기다리는 사람들에게 다가가 이렇게 말했다.

"죄송하지만, 제가 지금 5장을 복사해야 하는데, 먼저 하면 안 될까요?"

그 결과, 60%가 부탁을 들어주었다. 그래서 이번에는 살짝 말을 바꿔보았다.

"죄송합니다만, 제가 지금 5장을 복사해야 하는데 먼저 하면 안 될까요? 왜냐하면 지금 제게 굉장히 다급한 사정이 있거든요."

그러자 무려 94%가 그 부탁을 들어줘다. 그리 대단한 이유를 댄 것도 아니고, '왜냐하면'이라는 말을 덧붙였을 뿐인데 이렇게 호의적으로 반응한 것이다. 혹시 5장을 복사하는데 그리 오래 걸리지 않아서 순순히 양보했을지도 모른다는 생각에 랭거 교수는 실험 방식을 바꿔봤다. 20장이나 되는 복사를 먼저 하게 해달라고 부탁한 것이다. 당연히 이 요청에 대한 성공률은 매우 낮아 25%만이 그 부탁을 들어줬다. 그러나 "죄송합니다만, 제가 지금 20장을 복사해야 하는데 먼저 안 될까요? 왜냐하면 지금 제게 굉장히 다급한 사정이 있거든요."라고 하자 성공률은 다시 2배에 가까운 42%까지 높아졌다.

사람들은 타당한 이유도 없이 무작정 들이대는 부탁을 매우 불쾌해한다. 그래서 들어줄 때 들어주더라도 이유를 알고 싶어 하는 경향이 있다. '왜냐하면'이 사람들에게 먹히는 이유도 바로 여기에 있다. 그 이유라는 게 별다를 게 없는 데도 말이다.

랭거 교수의 실험에는 이런 문안도 포함되어 있었다.

"죄송합니다만, 제가 지금 5장을 복사해야 하는데 먼저 하면 안 될까요? 왜냐하면 제가 꼭 복사해야 하거든요."

이유라고 댄 것이 하나 마나 한 동어반복에 불과했지만, 사람들은 "뭐야?"라는 반응 대신 기꺼이 순서를 양보했다. 그것도 무려 93%가!

이는 사람들이 타당한 근거보다는 상대에게 그럴만한 이유를 들었다는 사실 자체에 만족한다는 뜻이다. 그렇다면 더는 아내에게 술값을 받아내기 위해 없는 핑계를 만들어내느라 끙끙댈 필요가 없을지도 모른다. 당신의 아내가 논리력으로 무장한 심리전의 달인이 아닌 한.

KEY POINT

상대가 미처 예상하지 못할 때 갑작스럽게 부탁하면 2배 이상의 효과를 얻을 수 있다. 그러나 이때 주의할 점이 있다. 상대가 미리 눈치를 채면 그 효과가 떨어진다는 것이다. 그러니 뭔가 부탁할 일이 생기면 상대가 눈치를 채지 못하도록 표정 관리에도 충분히 신경 써야 한다.

거절할 수 없게 물어라

/// 질문만 잘해도 커뮤니케이션 고수

"그깟 상 하나 받으러 스웨덴까지 가라고? 싫어!"

리처드 파인먼^{Richard Feynman} 박사는 아인슈타인^{Albert Einstein}과 함께 20세기 최고 물리학자로 꼽히는 천재 과학자로 미국의 원자폭탄 개발에 참여하기도 했다. 또한, 천재적 두뇌 못지않게 농담을 잘하는 괴짜로도 유명하다. 오죽하면 자서전 제목이 《파인먼 씨, 농담도 잘하시네^{Surely You're joking, Mr. Feynman}》일까.

노벨상 수상을 둘러싼 해프닝은 그의 독특한 성격을 잘 보여준다. 그는 양자역학을 재정립한 공로로 1965년 노벨 물리학상을 받았는데, 스웨덴까지 가서 상을 받는 게 귀찮은 나머지 처음에는 노벨상 수상을 거부했다. 일반인의 상식으로는 이해하기 어렵지만, 어쨌건 이 괴짜 과학자는 노벨상조차 관심이 없었다. 그가 무사히 상을 받은 것은 순전히 아내 덕분이었다. 그러다 보니 그가 아내 앞에서 꼼짝 못 하는 공처가일 것으로 생각하는 사람들도 있는데, 절대 그렇지 않다. 남편을 잘 아는 그의 아내는 남편이 꼼짝 못 할 질문을 함으로써 그를 항복하게 했다. 그와 그의 아내가 나눈 대화를 잠시 살펴보자.

아내 _ 아니, 여보. 노벨상 받으러 왜 안 가려고 그래요?

파인먼 _ 스웨덴까지 가는 게 너무 귀찮아. 할 일도 많고.

아내 _ 아니, 귀찮다고 그 귀한 노벨상을 받지 않겠다는 거예요?

파인먼 _ 그래. 노벨상을 받으러 가면 많은 사람을 만나야 할 것 아냐. 인터뷰도 해야 하고. 생각만 해도 귀찮아.

아내 _ 그래요? 그런데 내 생각에는 만일 당신이 노벨상을 거부하면 더 귀찮아질 것 같은데요.

파인먼 _ 응? 그게 무슨 말이야?

아내 _ 당신은 세계 최초로 노벨상을 거부하는 사람이 되는 거잖아요. 그러면 여기저기서 인터뷰 요청이 몰려들 것이고, 당신은 더욱 유명해져서 더 많은 사람이 당신을 귀찮게 할 것 같은데요?

파인먼 _ 듣고 보니 그렇군.

만일 그의 아내가 "아니, 여보. 당신 도대체 정신이 있는 사람이에요? 남들은 노벨상을 받지 못해서 안달인데, 당신은 주는 것도 안 받겠다니, 도저히 당신이란 사람을 이해할 수 없어요!"라고 몰아붙였다면, 그는 상을 받으러 갔을까. 오히려 역정을 내며 서로의 감정만 상했을 가능성이 높다. 그런데 파인먼은 아내의 질문에 답하는 동안 자신도 모르게 설득되고 말았다.

법정 드라마나 영화를 보면 노련한 검사들이 질문 하나로 피고를 꼼짝 못 하게 하는 것은 물론 범죄 사실을 고스란히 털어놓게 한다.

이렇듯 상대의 속내를 파악한 날카로운 질문은 상대를 꼼짝 못 하게 만드는 가장 강력한 커뮤니케이션 기술 중 하나다. 그렇다면 질문으로 원하는 답을 끌어내는 기술에는 구체적으로 무엇이 있을까.

/// 원하는 답을 끌어내는 질문의 기술

콧대 높은 그녀에게 용기를 내어 데이트를 신청하려고 한다. 어떻게 말하면 좋을까. 가장 흔한 멘트는 이것이다.

"저, 오늘 시간 있으세요?"

그러면 백이면 백 이렇게 답한다.

"바쁜데요."

당황한 당신은 이렇게 말할 것이다.

"그럼, 언제 시간 되세요?"

냉랭한 그녀는 이렇게 쏘아붙인다.

"글쎄요, 잘 모르겠는데요."

순간, 분위기 역시 어색해지고 만다.

이럴 때는 '더블 바인드Double Bind' 질문법을 사용하는 것이 좋다. '이중 구속'이라는 의미를 갖고 있는 더블 바인드는 심리학에서 조현병의 원인을 설명하는 용어로 쓰이지만, 커뮤니케이션에서는 상대가 거절하지 못하게 하는 기법으로 자주 사용된다. 한마디로 상대가 '아니오', '안 돼요'와 같은 말을 하기 어렵게 만드는 방법이다. 예컨대, 이렇게 묻는 것이다.

"저, 저랑 같이 식사하실래요? 아니면, 술 한 잔 어때요?"

그러면 상대 입장에서 문법적으로 '안 되는데요', '싫어요'라고 대답하기가 참 모호하다. 둘 중 뭘 선택할지 물었는데 싫다고 말하는 게 맥락에도 맞지 않을뿐더러 뜬금없기 때문이다.

더블 바인드 기법은 대화의 초점을 양자택일로 몰아감으로써 거절 대신 하나를 선택하도록 유도하는 방법이다. 특히 어린아이들에게 효과가 있는데, 아이들에게 "라면 끓일래, 나중에 설거지할래?"라고 물으면, 대부분 엉겁결에 "어, 설거지요."라고 한다. "라면은 내가 끓였으니, 넌 설거지라도 해야 할 것 아냐!"라고 역정 내는 것보다 훨씬 효과적이다.

/// 대화의 질을 높여주는 레이블링 기법

상사가 갑자기 "김 대리, 잠깐 봅시다."라고 하면 대부분 '내가 뭐 잘못한 것 있나?'라는 생각부터 든다. 왜 부르는지 몰라서 불안하기 때문이다. 이럴 때는 상대에게 이렇게 말하면 대화가 훨씬 부드럽고 좋아진다.

"김 대리, A 프로젝트 보고서 중간점검 때문에 10분 정도 빌리고 싶은데, 지금 괜찮나?"

이렇듯 대화의 주제를 미리 알려주고 허락을 구하는 질문법을 '레이블링^{Labeling}'이라고 한다. 위에서 예로 든 대화에는 상대를 편안하게 해주는 3가지 레이블링 기법이 숨어 있다.

- 첫 번째 기법 _ 상대에게 대화 방향을 미리 알려줘 심리적 부담을 덜어준다. (A 프로젝트 보고서 중간점검)
- 두 번째 기법 _ 상대에게 대화 시간을 미리 알려줘 심리적 부담을 덜어준다. (10분 정도)
- 세 번째 기법 _ 상대에게 대화의 허락을 요청해 심리적 부담을 덜어준다. (지금 시간 괜찮나?)

"뭐 하나 물어봐도 돼요?", "견적서 때문에 그러는데 잠시 통화 괜찮으세요?" 등은 우리가 일상에서 자주 쓰는 레이블링 질문법이다. 이런 질문을 하면 상대가 안 된다고 거절할 위험도 줄고, 적극적으로 이야기를 들을 마음의 준비를 하게 돼 대화의 질 역시 높아진다.

KEY POINT

많은 사람이 어떤 제안을 할 때 "다음 주에 시간 돼요?"라고 묻곤 한다. 하지만 이런 질문은 상대방에게 선택권이 있기에 거절당할 수도 있다. 그러나 "주중이 편해요? 주말이 편해요?"라고 물으면 상대가 NO라고 하기가 어렵다.

사실 더블 바인드 기법의 원리는 매우 간단하다. 어떤 부탁을 할 때 그 부탁을 기정사실화 한 후 그다음 선택에 관해서만 이야기 하면 되기 때문이다. 예컨대, 데이트 신청을 하고 싶다면 일단 만남 자체를 기정사실화 하고 언제 만날지, 만나서 무엇을 할지에 대해서만 묻는 것이다. 이렇듯 매우 단순한 기법이지만, 어떻게 활용하느냐에 따라서 매우 큰 효과를 거둘 수 있는 것이 또한 더블 바인드 기법이다.

다 알고 있는 것처럼 말해라

/// 자기도 모르게 본심을 말하게 하는 법

영화 〈왓 위민 원트^{What Women Want}〉는 '화성 남자'가 '금성 여자'의 속마음을 읽게 되면서 벌어지는 해프닝을 담고 있다.

만일 이 영화처럼 상대의 숨겨진 본심을 알 수 있다면 얼마나 좋을까. 영화 속 이야기 같지만, 불가능한 일도 아니다. 단, 상대가 자기도 모르게 본심을 말하게 해야 한다.

오랫동안 사귀고 있는 커플이 있다고 하자. 그런데 여자가 가만히 보니까, 남자가 몰래 다른 여자를 만나고 있는 듯하다. 물증은 없지만, 아무래도 수상하다. 그럴 때 보통 여자들은 넌지시 이렇게 떠보곤 한다.

"오빠, 다른 여자 생긴 것 아니지?"

그때 남자들의 반응은 뻔하다. 때부분 딱 잡아떼면서 펄쩍 뛰기 일쑤다. 질문한 사람이 의심해서 미안하다며 사과라도 해야 할 만큼 처절한 표정과 함께. 최악의 경우 "그렇게 못 믿겠으면 차라리 헤어져!"라고 하면서 역공격을 당할 수도 있다.

　이럴 때 상대에게 숨겨진 본심을 말하게 하는 아주 간단한 방법이 있다. 데이트를 마치고 남자 친구에게 집까지 데려다 달라고 하자. 그리고 집 앞에서 "오빠, 고마워. 조심해서 가."라고 한 후 몰래 뒤를 따라가다가 갑자기 등을 '탁' 치며 "오빠, 다른 여자 생겼지?"라고 묻는 것이다. 그러면 대부분 "어, 어, 어떻게 알았어?"라고 실토할 확률이 높다.

　여기서 중요한 것은 상대가 등을 돌리고 있다는 사실이다. 사람들은 보통 마주 보고 이야기하면 표정이나 말투를 통해 상대의 의도를 파악한다. 그런 다음 어느 정도 상대의 의도를 파악하면 대응 전략을 세우게 된다.

　여자 친구가 마주 보고 "오빠, 다른 여자 있는 것 아니야?"라고 물으면 남자는 상대가 자신을 의심하고 있다는 사실을 간파하고 바로 대응 전략을 세운다. 속으로 '어? 얘가 어떻게 알았지? 어떻게 해야 하지?'라고 고민하다가 '이럴 때는 딱 잡아떼야지…. 아니야, 아예 내가 더 화를 내면 돼'라면서 나름대로 작전을 짜는 것이다. 그러다가 상대가 반응을 보이면 그에 따라 새로운 대응 전략을 짠다.

　중요한 것은 등을 돌리고 있으면 상대를 전혀 의식할 수 없기 때문에 전략을 세우기가 어렵다는 것이다. 방심법은 그 빈틈을 이용한 것으로, 명탐정의 대명사인 콜롬보가 즐겨 쓰는 방법이기도 하다. 어리숙하게 질문하고는 마치 볼일 다 본 것처럼 인사하고 돌아가다가 갑자기 뒤돌아서서 예리한 질문을 던져 상대를 꼼짝 못 하게 하는 것이다.

거짓말하는 사람에게 효과적인 방법으로 '멀티플 임플리케이션Multiple Implications' 기법이 있다. 이는 말하지 않아도 다 알고 있다는 느낌을 줌으로써 스스로 본심을 드러내게 하는 방법이다. 이 기술의 핵심은 다 알고 있는 듯한 미묘한 분위기를 조성하는 것이다. 예컨대, 남자 친구가 다른 여자를 만나고 있는 것 같다면 지나가는 말투로 이렇게 묻는 것이다.

"주말에 재미난 일이라도 있었어?"

그러면 대부분 두 가지 반응을 보인다. 아무 문제없는 사람들의 경우 "아니. 그냥 그랬지, 뭐. 넌 어땠는데?"라며 아무렇지 않게 대답하는 반면, 조금이라도 찔리는 게 있는 사람들은 "어, 왜?"라면서 방어적인 자세를 취한다. '왜 갑자기 저런 걸 묻지?'라며 무의식중에 상대의 의도를 파악하려고 하기 때문이다. 심한 경우 얼굴빛이 바뀌는 사람도 있다. 눈치가 빠른 사람들은 이야기의 화제를 갑자기 바꾸기도 한다.

KEY POINT

멀티플 임플리케이션 기법의 핵심은 말하지 않아도 이미 다 알고 있다는 분위기를 조성하는 것이다. 그러면서도 뭔가 정확히 콕 집어서 이야기하지 않아야 한다. 그래야만 조바심을 느낀 상대로부터 진심을 끌어낼 수 있다.

공동 목적을 통해
결속을 강화하라

/// 사고뭉치 남편이 고부갈등의 특효약?

지인 중 한 사람은 자타 공인 엄청난 술고래다. 가족과 저녁을 함께 먹는 건 손에 꼽을 정도고, 주말에도 동네 사람들과 어울려 한 잔씩 해야만 직성이 풀릴 정도다. 그래서 한 번은 "그렇게 마시면 집에서 싫어하지 않냐?"라고 물은 적이 있다. 그런데 그의 답이 매우 절묘했다. "내가 이렇게 해야 집이 평화롭다니까!"

고부 관계 때문에 고민하는 집이 적지 않듯, 그의 아내와 어머니도 서로에 대해 못마땅해 하는 부분이 있다고 했다. 그런데 어느 휴일, 집에서 쉬고 있는데 거실에서 고부 사이의 대화 내용이 귀에 들어왔단다. 어머니와 아내가 자신을 서로 흉보는 내용이었다.

"어머니, 저이 술 마시는 것 때문에 죽겠어요."

"얘, 말도 마라. 대학 들어가고부터 매일 저랬다. 난 포기한 지 오래다."

그 말을 듣고 그는 '옳거니'라며 고개를 끄덕였다고 한다. 그의 주장인

즉슨, 자신이 적당히 사고를 쳐서 고부 사이에 '공공의 적'이 되어야만 고부 사이에 동지의식이 싹튼다는 것이다. 제법 일리 있는 말이었다.

결혼한 남성들이 가장 힘들어하는 것 중 하나가 바로 어머니와 아내의 관계다. 어머니는 졸지에 아들을 빼앗긴 것도 섭섭한데, 며느리가 고분고분하지도 않고 사사건건 말대답이나 한다며 하소연하고, 아내는 딸처럼 여기겠다더니 집안일 뒤치다꺼리나 시킨다며 서러워하기 일쑤다. 대한민국 기혼남 대부분이 겪는 일이지만, 정작 겪어보면 그 당혹감은 이루 말할 수 없을 정도다. 답답한 마음에 결혼생활 선배들에게 물어보면, '박쥐'가 되라고 한다. 어머니 앞에서는 아내 흉을 보고, 아내 앞에서는 어머니 흉을 보라는 것이다. 하지만 그것 역시 이만저만 한 고역이 아니다. 무엇보다도 나중에 들키기라도 하면 양쪽에서 모두 버림받을 수 있는 엄청난 리스크가 있기 때문이다.

그에 비하면 매일 술 먹고 늦게 들어오거나, 주말에 회사 간다고 해놓고 낚시하러 가는 일 등은 비록 네거티브 한 전략이긴 하지만, 효과가 확실하다. 아내와 어머니가 예상하지도, 좋아하지도 않는 행동을 지속해서 하게 되면 둘 사이가 급속도로 가까워지기 때문이다. 공동 목적이 생기기 때문이다. 아들 또는 남편을 다시 정상으로 돌아오게 해야 한다는 공동 목적은 그들을 하나로 결속시킨다. TV 드라마에서는 이 기법을 활용해서 등장인물 사이의 갈등을 갈 데까지 밀어붙인 후 갑자기 누군가를 불치병에 걸리게 한다. 정상적인 방법으로 갈등을 해결할 수 없을 때 쓰는 극약 처방인 셈이다.

/// 공동 목적은 이질적인 집단을 하나로 만든다

미국에서 12살짜리 아이들을 대상으로 다음과 같은 실험을 했다.

평소 친하게 지내는 아이들을 캠핑에 데려가서 두 그룹으로 나눈 후 소통을 금지하고 각자 알아서 야영하게 했다. 아이들은 낯선 아이들과 한 팀이 되어 처음에는 매우 서먹해 했지만, 이내 특유의 친화력으로 공동 규칙을 정하고 역할을 분담해 급속도로 가까워졌다. 그룹의 이름을 정하고, 셔츠에 그룹 마크를 그리며 단합을 과시하기도 했다. 그리고 얼마 후 가장 친한 친구가 누구인지 물었더니, 같은 그룹에 속한 친구 이름을 대는 아이들이 95%나 되었다. 평소 친하지 않았던 아이들이 그룹 활동이라는 공동 목적 때문에 친해진 것이다.

그런데 얼마 후 전혀 예상치 못한 문제가 생겼다. 그룹 내부의 단합이 지나친 나머지 아이들이 상대 그룹을 비난하고 적대시하게 된 것이다. 처음에는 선의의 경쟁을 하더니 나중에는 서로 욕하고 몸싸움까지 벌였다. 급기야 밤에 몰래 상대 텐트를 급습해서 상대 그룹의 깃발을 불태우는 등 갈등이 극에 달했다. 뜻밖의 사태에 당황한 교사들은 각 그룹의 대표를 불러서 상황의 심각성을 설명하고 화해를 유도했지만, 전혀 효과가 없었다. 특별한 조치가 필요하다고 판단한 실험 팀은 두 그룹에 함께 해결해야 할 공동 목적을 만들어주기로 하고, 음식물 차량을 일부러 진흙탕에 빠뜨려버렸다. 비상사태가 발생하자 아이들은 누가 시키지도 않았는데 자동차를 끌어내기 위해 밧줄을 가져와서 서로 힘을 합쳤다. 그리고 그 사건을 계기로 그룹을 뛰어넘어 단합하게 되었고, 캠핑이 끝났을 때는 한 대의 차에 나눠 타고 즐겁게 노래 부르며 귀가했다.

/// 독재자들이 행진과 합창을 좋아하는 이유

TV를 보면 독재자들이 광장을 가득 메운 병사들이 행진하는 모습을 보며 회심의 미소를 짓는 모습을 볼 수 있다. 또한, 교회에 가면 신도들이 찬송가를 부르는 순서를 절대 빠뜨리지 않는다. 많은 사람이 동시에 행진하고, 노래하고, 춤을 추면 상호 간의 심리적 경계를 허무는 긍정적 감정이 솟아나기 때문이다. 이렇듯 행진이나 합창은 집단에 대한 충성심을 강화한다는 연구논문이 화제가 된 적이 있다.

조직행동학자이자 스탠퍼드대학교 교수인 스콧 윌터머스[Scott Wiltermuth]는 《심리과학》에 여러 사람이 동시에 행동할 때 발생하는 '신체적 동시성[Physical Synchrony]'이 집단의 결속을 강화하여 협동심을 강화한다는 연구 결과를 발표했다. 그는 평균 21세의 남녀 96명을 네 집단으로 나누어 플라스틱 컵을 탁자에 놓은 뒤 음악을 들려주었다.

- 첫 번째 집단_ 노래도 하지 않았고 컵도 만지지 않았다.
- 두 번째 집단_ 컵을 만지지 않고 노래만 했다.
- 세 번째 집단_ 노래를 부르며 곡조에 맞추어 컵을 함께 움직였다.
- 네 번째 집단_ 제멋대로 노래하고 컵을 아무렇게나 움직였다.

얼마 후 그는 실험 참가자들에게 같은 집단에 속한 구성원들에게 어떤 느낌을 받았으며, 그들을 얼마나 신뢰하고 동질감을 느꼈는지 물었다. 그 결과, 신체적 동시성이 발생한 두 번째와 세 번째 집단에서 나머지 집단보다 협동심이 높게 나타났다. 이는 독재자들이 행진과 합창을 이용해서 군중심리를 조종하여 맹목적인 충성심을 끌어내는 데 성공할 수 있었던 이유를 설명해준다.

사람이 군중심리에 휩쓸리는 이유를 거울뉴런에서 찾는 견해도 있다. 거울뉴런은 남의 행동을 보기만 해도 자신이 그 행동을 할 때와 똑같은 반응을 나타내는 신경세포다. 그 때문에 누가 하품을 하면 따라 하고, 영화 주인공이 울면 감정이입이 되어 훌쩍거리게 된다. 이에 미국 신경과학자 마르코 야코보니[Marco Iacoboni]는 인간의 모방 행위는 거울뉴런에서 비롯된다고 주장하기도 했다.

KEY POINT

어떤 조직이 건 공동 목적을 만들고 함께 노력해야만 결속을 다질 수 있다. 가정 역시 마찬가지다. 한 사람의 희생만을 일방적으로 강요해선 누구도 수긍할 수 없다. 예컨대, 아이들에게 무조건 돈을 아껴 쓰라고 말하기보다는 가족 모두의 공동 목적, 예컨대 "3년 이내에 우리 집을 갖기 위해 모두 아끼자."라고 하는 것이 훨씬 효과적이다.

거짓말 간파하기

/// 사람은 평생 11만 7천 번의 거짓말을 한다

《마리안느》라는 여성잡지가 있었다. 잡지사는 당시 잡지에 만연하던 '루머·스캔들·섹스' 일변도의 기사에서 벗어나 밝고 유익한 정보를 제공하자는 3무 정책을 기조로 내세우며 야심 차게 출발했다. 이에 그때까지 없었던 새로운 시도에 많은 사람이 박수를 보냈고, 그들 역시 자신감으로 가득했다.

사실 그들이 자신만만했던 데는 다 이유가 있었다. 대대적인 사전 마케팅을 통해 타당성 검증을 마쳤기 때문이다.

그들은 소비자와 직접 대면 조사를 하며 다음과 같은 질문을 했다.

"우리 회사는 이번에 새로운 여성잡지를 발간하려고 합니다. 루머, 스캔들, 섹스로 점철된 과거의 잡지 콘텐츠에서 벗어나 유익한 정보로 꾸며진 잡지가 창간된다면 구매하시겠습니까?"

그 결과, 응답자의 95%가 구매하겠다고 했다. 그야말로 폭발적인 반응이었다.

문제는 그다음이었다. 막상 잡지가 출간되자, 실제 판매가 기대에 한참 미치지 못했기 때문이다. 결국, 참신한 취지로 창간되었던 잡지는 마케터들에게 무수한 시사점과 의문을 남기며 17호를 끝으로 폐간되고 말았다.

잡지가 실패한 데는 여러 가지 원인이 있지만, 가장 큰 문제는 조사방법에 있었다. 만일 누군가가 당신에게 "루머, 스캔들, 섹스로 점철된 과거의 잡지 콘텐츠에서 벗어나 유익한 정보로 꾸며진 잡지가 창간된다면 구매하시겠습니까?"라고 묻는다면 어떻게 할 것인가.

"나는 루머, 스캔들, 섹스 관련 기사를 좋아하기 때문에 그런 잡지를 사겠다."라는 대답이 쉽게 나올 수 있을까. 물론 요즘처럼 개성이 뚜렷한 시대라면 자신 있게 그렇다고 말할 수도 있겠지만, 그때만 해도 초등학교에서 아침마다 새마을 운동 노래가 울려 퍼지던 시대였다. 그러니 아무리 설문이라도 스캔들이나 섹스 기사가 재미있다고 대답할 사람은 많지 않았을 것이다. 결국, 소비자 대부분은 다분히 상대를 의식하며 설문에 응한 셈이다.

이처럼 상대를 의식해서 진실을 말하지 않는 현상을 '하이젠베르크의 불확정성의 원리^{Heisenberg's Uncertainty Principle}'라고 한다. 일례로, 남의 집에 초대받아서 저녁을 먹고 나서 "음식이 어땠냐?"는 물음에 "맛없었다."라고 하는 사람은 거의 없다. 그렇다면 사람들은 살면서 상대를 의식하느라 얼마나 많은 거짓말을 할까.

영국의 한 여론조사 기관이 2,500명의 성인남녀를 대상으로 실시한 조사에 의하면 하루에 적어도 4번 이상 거짓말을 하는 것으로 나타났다. 성인 한 명이 80년을 산다고 할 경우 평생 11만 7,000번쯤 마음과는 전혀 다른 말을 하는 셈이다. 특히 남성의 경우 하루 평균 5번 이상 거짓말을 해 여성보다 더 많이 진실을 위배하는 것으로 나타났다. 남성들이 배우자나 여자 친구에게 하는 가장 흔한 거짓말은 "물론 너만을 사랑하지." 와 "당신이 만든 음식은 정말 맛있어."였다. 그나마 다행인 것은 대부분 선의의 거짓말이라는 점이다.

가장 대표적인 선의의 거짓말로는 남녀관계를 해명할 때 자주 하는 "우리는 그저 친구일 뿐이야."와 애인과의 약속 시간에 늦은 뒤 "미안, 시계가 고장 났어.", 그리고 만나고 싶지 않은 사람에게 자주 하는 "요즘 계속 약속이 있어서요."라는 말이었다.

/// 거짓말 할 때 우리 몸이 보이는 행동

영화 〈공공의 적〉을 보면 범인 조규환(이성재 분)이 부모를 살해한 후 경찰서에서 조사받는 장면이 나온다. 김 형사가 조규환의 진술을 받고 있는데 옆에서 강철중 형사(설경구 분)가 볼펜을 돌리다가 바닥에 떨어뜨린다. 조규환이 눈물을 흘리며 슬퍼하던 터라 강 형사는 어쩔 줄 몰라 하다가 눈치를 보며 볼펜을 주우려고 책상 밑으로 몸을 숙인다. 그 순간, 그의 눈에 조규환이 다리를 떠는 모습이 들어온다. 조규환이 진술을 마치고 나간 뒤 강철중은 김 형사에게 말한다.

"너 울면서 다리 떠는 놈 봤냐? 저 새끼 슬퍼서 우는 게 아니야. 저 새끼 금전 관계 좀 조사해봐라."

다리를 떠는 것은 단순한 습관을 넘어 현재 자신의 상태를 알리는 신호로 볼 수 있다. 보통 정서적 맥락으로는 초조하거나 긴장하고 있다는 신호로 해석된다.

사람의 행동이나 표정은 그 사람의 심리상태를 반영하는 거울이다. 따라서 상대를 잘 관찰하면 말로 꼬치꼬치 캐묻지 않고도 거짓말 여부를 쉽게 파악할 수 있다.

미국심리학회^{APA, American Philological Association}에서 선정한 '20세기 가장 영향력 있는 심리학자 100인'이자 《타임》 선정 '세계에서 가장 영향력 있는 100인'으로 꼽힌 캘리포니아대학교 심리학과 폴 에크먼^{Paul Ekman} 명예교수는 거짓말에 대한 연구의 일환으로 여러 사례를 관찰한 바 있다.

그의 연구기록을 보면 정신질환 환자였던 메리라는 여성에 관한 이야기가 나온다. 그녀의 행동을 녹화한 비디오테이프를 보면, 그녀가 거짓말을 할 때마다 취하는 특정 동작이 있음을 알 수 있는데, 그녀는 거짓말을 하기 전에 잠시 절망적인 표정을 짓거나, 어깨를 살짝 으쓱거린다든지, 손을 약간 돌리는 습관이 있었다.

메리의 사례에서 보듯 모든 사람에게는 거짓말을 할 때 평소와 다른 미묘한 변화를 보인다. 그렇다면 일반적으로 나타나는 거짓말 징후에는 과연 어떤 것들이 있을까.

목소리로 속임수를 알아내는 가장 일반적인 단서는 말의 중단이다. 따라서 이야기할 차례가 되었는데 망설이는 것, 특히 어떤 질문에 대답해야하는 순간 망설인다면 한 번쯤 의심해봐야 한다.

코를 만지는 보디랭귀지를 통해서도 거짓말 여부를 알 수 있다. 거짓말을 자주 하는 사람들은 집게손가락으로 감은 눈을 꾹 누르거나 코나 귀를 자주 만지는 습관이 있다. 거짓말을 하면 우리 몸에서 '카테콜아민'이라는 물질이 분비되는데, 이로 인해 콧속 혈압이 상승하고, 조직이 팽창해 순간적으로 코가 간지럽거나 미세하지만 실제로 커지기까지 한다. 그 때문에 이를 '피노키오 효과Pinocchio Effect'라고도 한다.

영국 심리학자 앤 밀트W. Anne Milt 박사에 의하면, 사람은 거짓말할 때 다음 4가지 현상 중 하나를 보인다고 한다.

첫째, 과장되게 웃거나 안면근육, 즉 표정이 부자연스럽다. 이는 자신의 말을 강하게 인식시키기 위해서 무의식중에 보이는 행동으로 대부분 거짓이다. 실제로 느껴지는 감정을 드러내는 표정은 10초 이상 지속하지 않기 때문이다.

둘째, 손이 얼굴이나 눈을 가리거나, 눈을 오랫동안 감고 자주 깜빡인다. 이는 거짓말하는 상황에서 빨리 벗어나고 싶은 심리가 눈을 감거나 손으로 얼굴을 가리는 행동으로 나타나는 것이다.

셋째, 손을 가만히 두지 못하고 말과 어울리지 않는 행동을 한다. 거짓말을 하려면 말을 만들어야 하므로 그 상황에 맞지 않는 행동이 자연스럽게 나오는 것이다. 인간은 생물학적으로 거짓말을 할 때 뇌는 일종의 두려움을 느끼는 상태가 된다고 한다. 그 때문에 거짓말을 하면 아드레

날린이 분비되어 심장 박동이 빨라지고, 혈압이 상승하며, 땀이 난다. 아울러 자신의 상태를 숨기기 위해 얼굴을 손으로 가리거나 시선을 분산시키기 위해 다리를 꼰다든지 머리를 긁적이곤 한다.

넷째, 질문에 대한 반응이 느리다. 거짓말을 하는 동안 대화가 오가면서 뇌는 쉴 새 없이 새로운 거짓말을 만들어야 한다. 즉, 뇌는 거짓말을 하는 동안 우리가 흔히 말하는 '멀티태스킹Multitasking' 상태가 되어야 한다. 그 때문에 질문을 하면 반응이 평소보다 느려질 수밖에 없다.

KEY POINT

상대의 문장이나 메시지로도 거짓말을 간파할 수 있다. 미국 코넬대학 연구원들에 의하면, 자신의 현재 상황을 길게 늘어놓거나 자신을 지나치게 강조하는 것, 추측성으로 얼버무리는 것 역시 거짓말일 확률이 높다고 한다. 실제로 실험 참가자들이 '거짓말했다'고 시인한 문장의 단어 수는 평균 8.2개였으며, 거짓말을 포함하지 않는 문장의 단어 수는 평균 7.4개였다. 주목할 점은 '조금', '물론', '아마', '가능한 한' 등의 모호한 단어를 정직한 문장을 작성했을 때보다 2배 넘게 사용했으며, '나', '나는'이라는 표현을 지나치게 강조했다는 점이다. 이는 거짓말을 들키지 않고 자신을 보호하려는 의도라는 것이 연구진의 해석이다.

스스로 설득하게 하라

/// 설득은 성과를 내야만 의미가 있다

실용적인 면에서 커뮤니케이션의 목적은 상대를 내 뜻대로 설득하는 것이다. 하지만 쉬운 설득은 어디에도 없다. 심지어 자기 아이 하나도 설득하기가 어려운 것이 현실이다.

초등학생 아이가 공부는 안 하고 컴퓨터 게임에만 빠져 있어 걱정이 이만저만 아닌 후배가 하나 있다. 고민을 거듭하던 후배는 어느 날, 아이에게 공부가 왜 중요한지, 왜 공부를 해야 하는지를 조목조목 설명해줬다고 한다. 다행히 아이가 이해하는 것 같아서 뿌듯한 마음도 잠시. 다음날도 여전히 컴퓨터 게임에 열중하는 아이를 보며 "쇠귀에 경 읽기구먼."이라고 했더니, 아이가 아빠를 측은하게 바라보며 이렇게 말했다고 한다. "괜찮아, 아빠. 그래도 아빠는 최선을 다했잖아?"

과연, 그 말이 후배에게 조금이라도 위로가 되었을까. 그렇지 않다. 설득은 노력에 상관없이 성과를 내야만 의미가 있기 때문이다.

/// 설득은 내가 하는 것이 아닌 상대가 스스로 하게 하는 것

기분 나쁘지 않게 상대를 설득하려면 어떻게 해야 할까. 설득을 제대로 이해하는 것이 먼저다.

우리가 설득에 관해 오해하는 것이 하나 있다. 다름 아닌, 설득이란 내가 하는 것으로 생각한다는 것이다. 하지만 설득은 내가 하는 것이 아니라 상대가 스스로 하게 하는 것이다. 나는 다만 그 과정을 도울 뿐이다. 예컨대, 사귄 지 얼마 안 되는 커플이 있는데, 남자가 1박 2일 여행을 하고 싶다고 해보자. 아무리 개방적인 시대라고 해도 여자 입장에서는 단둘이 1박 2일로 여행 가기가 여간 부담스럽지 않을 것이다. 그런 여자 친구를 설득하기 위해서 한다는 말이 겨우 "오빠 못 믿어?" 정도다. 가끔 "나 군대 간다."라는 승부수를 사용하는 사람도 있지만, 그 말을 곧이곧대로 믿는 사람은 거의 없다. 그런 설득의 결정적인 실수는 내 입에서 설득하고자 하는 말이 나온다는 것이다.

설득은 스스로 하는 것이다. 그러므로 설득하는 말 역시 상대의 입에서 나와야 한다.

여자 친구랑 1박 2일로 여행 가고 싶어서 장소를 물색해보니 정동진이 좋을 것 같다면, 이제 여자 친구에게서 '정동진'이라는 말이 나오게 해야 한다.

남자__ 자기야, 이번 토요일에 어디 한번 갔다 왔으면 좋겠다. 그치?

여자__ 맞아! 날씨도 너무 좋아서 집에 있기 아까워.

남자__자기는 여행 간다면 어디로 가고 싶어? 산? 바다?

여자__난 바다가 좋더라. 지금쯤 바다를 보면 참 좋겠다.

남자__요즘 바다는 동해가 좋아, 서해가 좋아?

여자__서해는 요즘 한창 붐빌 때니까, 한산한 동해가 좋겠지?

남자__하긴 그렇겠다. 동해는 요즘 어디가 제일 좋을까?

여자__글쎄, 속초나 강릉? 정동진도 많이 가는 것 같고.

남자__응, 내 친구가 그러는데, 정동진 해돋이가 그렇게 좋대. 해돋이
본 적 있어?

여자__아니. 와! 바다에서 해 뜨는 것 한번 봤으면 좋겠다.

남자__해돋이 보려면 당일 여행은 힘들고 1박 2일로 가야 해. 괜찮으
면 이번 주말에 정동진 한번 다녀올까?

여자__그럴까?

이 대화에서 남자는 질문만 했다. "어디 가고 싶나?" "동해가 좋냐?"
"서해가 좋냐?" "동해에서 가장 가고 싶은 곳은 어디냐?" 등등. 그런 질
문에 대답하다 보니 여자 친구는 자기도 모르게 남자가 설득하고 싶던
'정동진'이라는 말을 먼저 꺼냈다.

사람은 일단 자기 입 밖으로 말을 꺼내면 책임지려는 경향이 있다. 그
결과, 설득당한 것이 아니라 스스로 결정한 것이라고 믿게 된다.

상대가 스스로 설득하게 하라. 당신은 거기에 이르는 길까지 정중히
안내만 하면 된다.

/// 약한 부분을 집중적으로 공략하라

말해봤자 씨도 안 먹히는 사람들이 간혹 있다. 그런 만큼 그들을 설득하기란 절대 쉽지 않다. 그러나 누구나 작은 구멍이 있는 법. 그 구멍을 찾아서 집중적으로 얘기하면 그들 역시 의외로 쉽게 설득할 수 있다.

프로파일러와 한 연쇄살인범의 피 말리는 심리 싸움이 시작되었다. 범인과 테이블 하나를 사이에 두고 마주 앉은 프로파일러는 공감대 형성에 공을 들였다. 유달리 자존심이 강한 범인이었기에 최대한 부드러운 어조로 대화하며 자백을 유도하기 위해서였다. 그런데 프로파일러는 어느 순간부터 아이 이야기를 집중적으로 했다.

"자백하고 참회하는 아버지를 보는 것과 그것을 부인하는 아버지 중 아이가 보기에는 어떤 것이 낫겠습니까?"

그 한마디에 결국 범인은 무너지고 말았다.

이를 '에멘탈 효과^{Emmental effect}'라고 한다. 에멘탈은 스위스 베른주 북동부 알프스 지역에서 나는 치즈 이름으로 매우 딱딱해서 치즈에 나 있는 구멍에 맞춰 잘라야 한다. 범죄심리학에서는 에멘탈 치즈에 뚫린 구멍 때문에 치즈가 잘 잘리는 것에 빗대 범죄자의 심리를 파고들어 갈 수 있는 약점을 에멘탈 효과라고 한다.

누구나 취약한 부분이 있게 마련이다. 상대를 설득하려면 그 부분을 집중적으로 공략해야 한다.

KEY POINT

설득은 상대의 마음을 움직이는 것이다. 그 때문에 상대의 심리를 미묘하게 건드려야 한다. 더욱이 대부분 사람은 설득당하는 것을 좋아하지 않으므로 기분 나쁘지 않게 설득하는 기술이 필요하다. 간혹 설득한다면서 강요하는 사람들이 있는데, 그것은 상대의 반발만 부를 뿐이다.

때로는
자신도 속여야 한다

러닝머신을 사고 싶다면 2월에 사라. 특히 중고시장을 이용하면 새것처럼 번쩍번쩍한 제품을 저렴한 가격에 살 수 있다. 새해를 맞아 홈쇼핑이나 인터넷쇼핑몰에서 구매한 러닝머신이 대거 중고시장에 나오기 때문이다. 그런데 이와 정반대의 판매 흐름을 보이는 상품이 있다. 바로 담배다. 통계에 따르면, 매년 1월에는 담배 판매량이 급감한다고 한다. 새해 목표로 너도나도 금연을 선언하기 때문이다. 문제는 2월이 되면 담배 판매량이 제자리로 돌아오는 것을 넘어 급상승한다는 것. 그동안 못 피웠던 것까지 벌충하느라고 그렇다고 한다. 그렇게 담배와 함께 1년을 보낸 후 새해를 맞으면 이번에도 심기일전해서 다시 금연을 결심한다.

/// 인지 부조화를 통한 자기 합리화

세상에서 가장 지키기 어려운 약속은 뭘까. 바로 자신과의 약속이라고 한다. 그렇다면 자신과의 약속을 지키지 못하는 사람들의 마음은 과연 어떨까. 자신의 나태함을 반성하고 새로운 결심을 하지 않을까. 그러나 실제로 후회하고 반성하는 사람은 거의 없다고 한다. 오히려 현재의 결과를 당연하게 받아들이는 사람들이 많다. 자신의 자존감을 지키려는 방어 심리, 즉 '인지 부조화$^{Cognitive\ dissonance}$' 현상이 작동하기 때문이다.

인지 부조화란 쉽게 말해서 자신이 한 말과 행동의 불일치에 의해 생기는 불편한 마음 상태를 말한다. 술을 끊겠다고 했다가 작심삼일이 되면 가족이나 주위 사람들 보기가 민망해진다. 이런 상태를 인지 부조화 상태라고 하는데, 인간의 심리는 여기서 한 걸음 더 나아가 불편한 감정을 없애기 위해 적극적으로 노력하게 된다. 술을 끊지 못하는 이유를 대며 자신을 설득하는 것이다. 그 방법은 크게 3가지다.

첫째, 자신의 태도를 바꿔서 말한다. 이를테면, 술에 대한 소신을 다음과 같이 바꾸는 것이다.

"술이 해롭기는 하지만, 기쁠 때나 슬플 때 술이 빠지면 무슨 재미야?"

"인간관계에서 술이 없으면 얘기가 안 되지."

제삼자가 보기엔 얄팍한 평계에 불과하지만, 당사자에게는 술을 끊지 못하는 것을 정당화하는 그럴듯한 이유가 된다. 자기 합리화가 시작되면 주장을 정당화하기 위해 관련 정보를 차단하거나 왜곡하기도 한다. 집에서 TV를 보다가 알코올중독자가 나오는 장면이나 술이 건강에 해롭다는 정보가 나오면 갑자기 채널을 돌리거나, 술을 전혀 못 하는 사람도 간암에 걸린다든지, 평생 술만 마신 친척 누구는 아흔까지 살았다든지, 한두 잔 정도로 무슨 영향이 있겠냐는 등 구구한 이유를 만들어 자신의 인지 부조화, 즉 불쾌한 마음을 감소시키려고 한다.

둘째, 자신에게 유리한 새로운 방법이나 생각을 첨가해서 말한다. 와인 한두 잔은 오히려 심장병 발병을 억제한다거나, 적당한 음주는 혈액 순환에 좋다는 유리한 정보만 부각하고, 불리한 정보의 잘못된 점을 찾아내려고 하는 것이다. 예컨대, 동물실험 결과, 지나친 음주가 간암을 유발하는 것으로 나타났다는 신문 기사를 접하면 알코올이 쥐에게나 영향을 주지 사람에게 무슨 영향을 미치겠느냐며 흠을 잡는 등 온갖 정보를 동원해서 자신의 음주를 합리화한다. 술집에서도 인지 부조화를 위한 합리화의 노력을 병행한다. 술을 순하게 만들어 마시면 전혀 문제없다며 오이를 주전자에 썰어 넣거나 녹차 티백을 담가서 마시는 것이 그 전형적인 예다.

셋째, 자기 생각의 중요도를 바꿔서 말한다. 어제까지만 해도 건강에 목숨 걸더니 하루 만에 '인생은 짧고 굵게'를 외치는 식이다. 술을 마시지 않고 가늘고 길게 재미없게 사느니 먹고 싶은 술 마음대로 마시고 화끈하게 살다 가는 게 더 낫다며 자신을 합리화하는 것이다. "먹다 죽은 귀신 때깔도 좋다."거나 "나 죽으면 술통 밑에 묻어달라고."는 말을 자주 하는 사람들이 이 부류에 속한다.

/// 긍정적 자기 설득으로 콤플렉스에서 벗어나라

우리는 말을 자주 바꿔가며 끊임없이 자기변명을 일삼는 이들을 한심하게 보곤 한다. 그들이 마냥 뻔뻔해서 그런 것은 아니다. 그들 역시 괴로

위하고, 현실을 인정하고 싶지 않아 한다. 하지만 그럴 수 없으니 궤변이라도 늘어놓는 것이다. 그렇다고 해서 그것을 부정적으로만 바라볼 일은 아니다. 자기 자존감을 지키고 실패를 만회할 기회를 얻을 수도 있기 때문이다. 따라서 이를 적극적으로 활용할 필요도 있다. 예컨대, 시험에서 떨어졌거나 정기인사에서 승진하지 못했다면 너무 실망하거나 좌절하기보다는 '더 좋은 대학에 가라는 거야.', '빨리 승진하면 그만큼 빨리 퇴직하는 거야.'라며 긍정적인 자기 설득을 할 필요가 있다.

한때 '농구 황제'로 불렸던 마이클 조던^{Michael Jordan}은 다른 사람들의 시선에 신경 쓰지 않고, 자신을 믿는 것이 얼마나 중요한지 보여준다.

처음 NBA에 입단했을 때만 해도 그는 수많은 관중으로 꽉 찬 경기장의 열기와 환호에 다리가 후들거릴 지경이었다고 한다. 그도 그럴 것이 당시 사람들은 매직 존슨^{Magic Johnson}과 래리 버드^{Larry Bird}만 응원했다. 그러다 보니 신출내기였던 그는 한없이 위축되기 일쑤였고, 백인들이 흑인인 자신을 얕볼까 봐 겁이 났다고 한다. 이에 그 역시 여느 흑인 선수들처럼 외모를 치장하며 사치스러운 생활을 즐겼다. 사람들로부터 무시당하지 않으려면 그렇게 해야 하는 것으로 알았기 때문이다. 그러나 아무리 그렇게 한들 백인들이 선천적으로 가지고 있는 자신만만한 태도와 여유는 흉내 낼 수 없었다. 그때부터 그는 진지한 고민에 빠졌고, '이런 모습이 과연 내가 바라던 성공인가?'라는 고민 끝에 그동안 공들여 기른 머리를 밀어버렸다. 그와 함께 그때까지 해오던 우스운 짓들 역시 그만두었다. 오로지 노력만을 믿기로 했다. 자신의 핸디캡을 극복할 수 있는 길은 자기 자신을 받아들이고 설득하는 것뿐임을 깨달았기 때문이다.

그때부터 그는 '나는 흑인이다. 그러나 그것이 전혀 부끄럽지 않다.'라는 말을 주문처럼 되뇌며 연습에 매진했고, 땀에 젖은 몸으로 코트를 열심히 누볐다. 그 결과, 자신을 짓눌렀던 콤플렉스에서 완전히 벗어날 수 있었다.

현재 그는 NBA의 살아 있는 신화로 불리고 있다. 그 비결은 바로 자신을 믿은 긍정적 자기 설득의 결과다.

KEY POINT

인지 부조화 현상은 자신이 가진 신념, 생각과 태도, 행동 간의 부조화가 유발하는 심리적 불편함을 해소하기 위해 스스로 태도나 행동을 변화시키는 것이다. 하지만 그것을 부정적으로만 바라봐서는 안 된다. 자기 자존감을 지키는 것은 물론 실패를 만회할 기회를 얻을 수도 있기 때문이다. 따라서 이를 적극적으로 활용할 필요도 있다. 예컨대, 시험에서 떨어졌거나 정기인사에서 승진하지 못했다면 너무 실망하거나 좌절하기보다는 '더 좋은 대학에 가라는 거야.', '빨리 승진하면 그만큼 빨리 퇴직하는 거야.'라며 긍정적인 자기 설득을 할 필요가 있다.

긍정적인 말로 끝내라

/// 어떤 말로 끝내느냐에 따라 결과가 달라진다

재미있는 실험이 하나 있다. 실험 참가자들을 두 그룹으로 나눠 각각 실험실 안으로 들어가게 한 후 한쪽 방에는 '주름진', '회색', '양로원'이라는 단어가 나열된 탁자를, 다른 방에는 '팽팽한', '푸른색', '운동장'이라는 단어가 나열된 탁자를 놓아두었다. 이는 서로 다른 느낌의 단어에 사람들이 어떻게 반응하는지 알기 위한 것이 아니라 그 단어들을 본 후 어떻게 걷는지 알기 위한 것이었다.

실험 결과, 노인을 연상시키는 단어를 보고 나온 사람들의 걸음걸이가 훨씬 느렸는데, 이는 우리가 어떤 말에 노출되느냐에 따라 기분과 행동이 달라진다는 사실을 보여준다.

비슷한 사례가 또 있다. 프랑스에서 계약직과 관련된 법령이 발포되자 전국적 규모의 시위가 벌어진 적이 있다. 그러나 이웃 나라 독일에서는 똑같은 법안임에도 전혀 시위가 일어나지 않았다. 같은 시기에 같은 내용을 발표했는데, 그 반응이 전혀 달랐던 이유는 과연 뭘까.

프랑스와 독일이 발포한 법령의 핵심은 다음과 같았다.

프랑스__ 계약직은 2년 안에 '해고'할 수 있다.
독　일__ 계약직은 2년 후에 정규직으로 '채용'할 수 있다.

결국, 단어의 차이가 그런 사태를 불러왔음을 알 수 있다. '해고'라는 부정적 단어를 사용한 프랑스에서는 시위가 일어난 반면, '채용'이라는 희망적 단어를 사용한 독일은 잠잠했던 것이다. '조삼모사'라며 원숭이만 비웃을 일이 아닌 셈이다.

같은 내용의 말인데도 어떤 사람은 귀를 쫑긋 세우고 끝까지 열심히 듣는 데 반해, 어떤 사람은 말을 가로막거나 들으려도 하지 않는다. 그때는 자신이 어떤 단어를 주로 사용하고 있는지 살펴볼 필요가 있다. 앞서 말했듯이 긍정적 표현은 대화를 부드럽고 유쾌하게 하지만 부정적 표현은 자신에 대한 인상까지 나쁘게 만들기 때문이다.

마지막 말이 대화 전체에 영향을 미치는 것을 심리학에서는 '잔존 효과Remaining Effect'라고 한다.

미국 남북전쟁의 전운이 점점 싹트고 있을 무렵, 노예해방에 불만을 품은 남부 사람들을 위해 링컨Abraham Lincoln은 최후의 연설문을 직접 준비했다.

"정부는 여러분을 공격하지 않습니다. 평화냐, 칼이냐의 엄숙한 문제는 여러분의 것이며 나의 것은 아닙니다."

그러나 옆에 있던 국무장관이 너무 딱딱하다며 수정할 것을 요청했다. 평화를 강조한다고는 했지만, 듣기에 따라서는 전혀 다르게 해석할 수도 있었기 때문이다. 그의 충고를 받아들인 링컨은 다음과 같이 수정했다.

"우리는 적이 아니라 친구입니다. 우리는 적이 되어선 안 됩니다. 추억이라는 신비스러운 악기의 현이 우리의 선천적인 선에 다시 스칠 때 합중국의 코러스가 높이 울려 퍼질 것입니다."

'평화'나 '칼'이라는 딱딱한 어휘 대신 '합중국의 코러스'란 긍정적인 단어로 마무리한 것이다. 그 결과, 남부 사람들을 설득한 것은 물론 남부와 북부를 하나로 만들 수 있었다.

영국 왕 헨리 5세의 이야기 역시 긍정적인 단어가 갖는 힘을 보여준다. 그는 백년전쟁을 재개하면서 프랑스군의 5분의 1밖에 되지 않는 절대 열세에 처한 병사들의 공포심을 말끔히 제거하고 싶었다. 문제는 어떤 말로 그들을 설득하고 결속하느냐는 것이었다.

"우리는 소수다. 그러나 행복한 소수다. 오늘 나와 함께 피를 흘리는 자는 나의 형제가 될 것이니…."

그는 '형제'라는 말을 사용함으로써 두려움에 떠는 병사들에게 승전의 꿈을 심어주었다.

'눈먼 거지' 이야기 역시 긍정적 표현의 힘을 보여준다.

추운 겨울이 지나고, 봄이 오던 무렵이었다. 눈먼 거지는 여느 때처럼 길에 나가 구걸을 했다. 깡통 옆에는 '한 푼만 도와주세요.'라고 적힌 종이가 놓여 있었다. 그러나 사람들은 쳐다보기만 할 뿐 아무도 도와주지 않았다. 그때 지나가던 마케팅 전문가가 다가와서 그 문구를 조금만 손보면 어떻겠냐고 제안한 후 새로운 글을 적었다. 그리고 얼마 후 사람들의 동전 던지는 소리가 들려오기 시작했다. 그 글귀는 다음과 같았다.

'새봄이 왔습니다. 그러나 저는 이 봄을 볼 수가 없습니다.'

그저 한 푼을 바라는 거지가 아니라 봄을 느끼고 싶은 한 사람으로서의 조그만 소망을 담은 긍정적인 표현에 안타까움을 느낀 사람들이 화답한 것이다. 이렇듯 어떤 단어를 사용하느냐에 따라서 그 결과는 천양지차가 될 수 있다.

KEY POINT

긍정적 표현은 상대에게 좋은 인상을 남기며 대화를 마무리하는 데도 결정적 역할을 한다. 따라서 대화를 마칠 때 긍정적인 단어를 사용하면 대화 전체를 긍정적으로 기억하게 된다. 예컨대, 논쟁이 심각해져서 인간관계가 돌이킬 수 없을 정도로 악화하였더라도 마지막 순간, "어쨌건 미안하네. 모든 것이 내 불찰이야."라고 하면 그때까지 악화한 감정이 상당 부분 누그러지는 것은 물론 멀어졌던 관계 역시 회복하는 효과를 거둘 수 있다.

5장

지친 마음을 위로하고 보듬는 감동의 기술

KEY POINT

"칭찬은 고래도 춤추게 한다."는 말이 있다. 하지만 잘못된 칭찬은 오히려 듣는 사람을 불편하게 할 뿐만 아니라 역효과를 내게 된다. 흔히 칭찬이라고 하면 단순히 상대에게 듣기 좋은 말을 해주는 것이라고 오해하기 쉽다. 하지만 칭찬은 단지 좋은 말만 하는 것이 아니다. 진정성이 담겨있을 때만이 그 효과가 있기 때문이다. 따라서 구체적인 근거를 들어 칭찬하되, 재능보다는 노력을, 나아가 주위에 미친 영향까지 칭찬해야만 제대로 된 효과를 얻을 수 있다.

링겔만 효과와 시너지 효과는 '하나가 아닌 함께'라는 의미가 있지만, 그 결과는 정반대 효과가 발생한다. 이런 차이가 발생하는 이유는 명확하다. '나 하나쯤이야'라는 무책임함이 링겔만 효과를 불러오며, '나도 함께 힘을 보태야 해'라는 책임감이 시너지 효과를 가져오기 때문이다.

책임지겠다는 사람을 싫어하는 사람이나 조직은 어디에도 없다. 그러니 누군가에게 진심으로 자신의 존재를 어필하고 싶다면, 자신이 가진 모든 능력과 함께 '책임지겠다.'라는 말을 덧붙여야 한다. 그 어떤 말보다도 진심을 전할 수 있기 때문이다.

___링겔만 효과, ''책임지겠다'고 해라'에서

뜻밖의 칭찬 한마디의 힘

/// 칭찬을 받으면 그에 어울리는 말과 행동을 한다

누구에게나 되는 일이 하나도 없는 답답한 날이 있다. 중요한 약속에 늦고, 상사에게 꾸지람만 듣거나 어처구니없는 실수를 저질러 면목 없는 날 말이다. 이럴 때는 한마디만 잘못해도 말싸움이 나거나 울음이 터질 것처럼 신경이 곤두서게 마련이다. 그렇다면 어떻게 하면 그런 상황에 부닥친 친구나 동료를 위로할 수 있을까.

불쾌지수 80을 넘나드는 더운 날은 갑자기 내리는 시원한 소나기가 반갑듯, 기분이 가라앉은 이에게는 뜻밖의 칭찬 한마디가 가장 좋은 청량제가 된다.

칭찬 싫어하는 사람은 없다. 칭찬을 달가워하지 않는 사람들이 더러 있긴 한데, 그것은 정말 칭찬을 싫어해서라기보다는 쑥스럽기 때문이다. 칭찬 싫어하기로 유명했던 나폴레옹은 칭찬하는 사람들에게 무조건 화를 냈다고 한다. 정말 그는 칭찬을 싫어했을까.

어느 날, 그의 부하 하나가 "장군께서 칭찬받기를 좋아하지 않는 것으로 알고 있습니다. 저는 그 점 때문에 장군을 존경합니다."라고 했다. 그랬더니 너무 좋아서 기쁜 표정을 지었다고 한다. 부하의 말 역시 칭찬이었으니, 나폴레옹도 칭찬을 좋아했던 셈이다.

사람들은 칭찬을 받으면 타인으로부터 인정받은 그대로의 이미지를 유지, 강화하려는 경향이 있다. 그래서 칭찬과 어울리는 말과 행동을 하게 된다.

탤런트 최불암 씨가 〈전원일기〉에서 선보인 '김 회장' 역할은 가장 한국적인 아버지상으로 꼽힌다. 그가 다른 배우들을 물리치고 최고의 아버지 역할 배우가 된 데는 한 선배의 칭찬이 결정적이었다. 대학 시절, 연극연습을 하던 중 아버지 역할을 맡은 친구에게 연출자로서 시범을 보이는데, 그 모습을 지켜보던 한 선배가 "야, 불암아! 노인 역할은 너 따라올 사람 없겠다!"라고 한 것이다. 이 한마디를 계기로 아예 친구 대신 아버지 역할을 연기하게 되었고, 모두가 인정하는 최고의 아버지 배우가 되었다.

이렇듯 자신의 외적 행동에 맞추어 자신의 이미지를 변화시키는 것을 '내면화^{Internalization}'라고 한다. 칭찬이 효과가 있는 것은 칭찬을 받으면 다른 사람들이 기대하는 모습에 자신을 맞추려고 하기 때문이다.

스탠퍼드대학교 커뮤니케이션학과 교수인 클리포드 나스^{Clifford Nass}와 행동 과학자 포그^{B.J.Fogg}의 실험은 사람들이 칭찬을 얼마나 좋아하는지 잘 보여준다.

두 사람은 컴퓨터를 이용해 칭찬이 사람들에게 얼마나 긍정적인 반응을 끌어내는지 관찰했다.

실험은 몇 가지 문제가 입력된 3대의 컴퓨터로 이뤄졌는데, 첫 번째 컴퓨터(A그룹)는 문제를 다 푼 뒤 별다른 칭찬 없이 다음 단계로 넘어갔고, 두 번째 컴퓨터(B그룹)는 참가자들의 실력에 따라 칭찬이 달라진다고 알려주었으며, 세 번째 컴퓨터(C그룹)는 실력과 상관없이 무작위로 칭찬 문장을 띄워준다고 알려주었다. 그러나 사실 B그룹이나 C그룹 모두 무작위로 선택된 칭찬문장을 제시했다.

실험 결과는 놀라웠다. 아무 칭찬 멘트가 없는 A그룹에 비해 B그룹은 실험 및 그 결과에 대해 더 긍정적으로 생각했고, 심지어 컴퓨터의 성능까지도 좋게 평가했다. 재미있는 것은 칭찬이 무작위로 선택된 형식적 내용이라는 것을 알고 있던 C그룹 역시 B그룹과 매우 유사한 결과를 보였다는 점이다. 생각이라고는 전혀 없는 기계가 해주는 칭찬에도 이처럼 좋아하는 것이 사람 마음인 것이다.

/// 사람을 움직이는 칭찬의 기술

요즘은 리더십이나 자녀교육에서도 칭찬의 중요성을 강조하다 보니, 많은 사람이 질책보다는 칭찬을 하고자 의식적으로 노력하고 있다. 하지만 한 가지 간과하고 있는 것이 있다. 바로 제대로 된 칭찬을 하고 있느냐는 것이다.

칭찬을 듣고도 기분 나빴던 경험이 한 번쯤 있을 것이다. 한 조사에 따르면, 칭찬을 듣고도 오히려 불쾌했다고 답한 사람이 55%나 되었다. 이는 칭찬이라고 해서 모든 사람이 좋아하고, 효과가 있는 것은 아님을 말해준다.

칭찬이 불쾌해지는 가장 대표적인 경우는 듣는 사람이 좋아하지 않는 사실을 칭찬하는 것이다. 이 경우 칭찬의 의도를 오해하거나 심지어 칭찬한 사람마저 부정적으로 보게 된다. 차라리 칭찬을 안 하느니만 못한 결과가 나오는 것이다. 예컨대, 여성들에게 "참 건강해 보이시네요."라고 하면 상대 여성이 과연 기뻐할까. 생각건대, 대부분 여성이 화를 낼 것이 틀림없다. 요즘처럼 날씬한 여성이 주목받는 때 "건강해 보인다."는 말은 "뚱뚱해 보인다."는 뜻으로 해석할 수 있기 때문이다. "인상 좋네요."나 "복스럽게 생겼네요.", "맏며느릿감이에요."라는 칭찬 역시 마찬가지다.

아무리 좋은 의도가 좋을지언정, 그런 말은 하지 않는 것만 못하다. 듣는 사람의 마음을 상하게 하기 때문이다. 아울러 우리가 흔히 하는 말 중 '칭찬은 공개적으로, 질책은 개별적으로'라는 코치법이 있는데, 이 역시 오해에 가깝다. 일반적으로 여러 사람이 모인 자리에서 큰 소리로 칭찬하면 듣는 사람이 더 기분 좋고, 으쓱해 할 것 같지만, 뒷일을 생각하면 꼭 그렇지만도 않기 때문이다.

네덜란드 라드바우드대학교 본크Roos Vonk 교수가 칭찬에 대한 심리학적 반응을 조사한 결과에 따르면, 칭찬 역시 두 사람만 있을 때 하는 것이 가장 좋다고 한다.

본크 교수는 사람들을 모은 후 그중 한 사람이 같이 있는 누군가에게 "당신은 재미있고 정직한 사람이야."라고 칭찬하게 했다. 그것도 모든 사람이 들을 만큼 크고 분명하게. 그런 다음 그 자리에 있던 다른 사람들에게 칭찬을 주고받는 것을 보고 어떤 느낌이 들었는지 묻고 그것을 7점 만점의 수치로 계산했다. 그 결과, '그 사람은 칭찬받을 만 했다', '좋아 보인다'라는 반응은 4.84점인 데 비해 '왜 저 사람만 칭찬하지? 나도 저 사람만큼은 하는데' 또는 '아부를 잘해서 저런 소리를 듣는 모양이야'라는 반응은 5.39점이나 되었다. 칭찬을 액면 그대로 받아들이지 않고 뭔가 꿍꿍이가 있다며 부정적으로 생각한 것이다.

이처럼 의도는 좋지만, 칭찬의 기술이 부족해서 오해를 사는 경우도 있고, 한편으로는 진실성이 결여된 칭찬으로 신뢰를 깎는 경우도 적지 않다. 상대에게 뭔가를 원하기 때문에 의도적으로 칭찬하거나 띄워주는 느낌을 주면 오히려 역효과가 발생하기 때문이다.

미국 사회심리학자 에드워드 존스^{Edward Ellsworth Jones}는 남녀의 데이트에서 남성이 여성에게 즐겨 말하는 "어쩌면 이렇게 아름답고 감각이 뛰어날까!"라는 찬사를 그 예로 설명했다. 그에 따르면, 이런 칭찬에 대한 여성의 반응과 행동은 대략 다섯 가지다.

- 이 사람이 내게 뭔가 원하는 것이 있는 게 분명해. (데이트가 시들해짐)

- 이 사람은 매우 긍정적인 사람인가 봐. (기존 상태 유지)

- 데이트를 하는 데 있어 매우 적절한 발언이지 뭐. (기존 상태 유지)

- 내 기분을 상하지 않게 하려는 것 같아. (상대에게 호감을 느끼게 됨)

- 진심을 얘기하고 있어. (상대를 더욱 좋아하게 됨)

여성이 남성의 말에 다른 의도가 있다고 생각하는 순간, 데이트는 시들해진다. 따라서 칭찬을 할 때는 뭔가를 원하는 것처럼 보이지 않도록 해야 한다. 특히 칭찬하면서 은근슬쩍 부탁을 끼워 넣는 경우가 있는데, 그런 말은 하지 않는 것만 못하다. 예컨대, 다음과 같은 경우다.

"교수님, 교수님 강의는 항상 새로운 지식으로 꽉 차 있어서 배울 점이 많다고 생각합니다. 그런 뜻에서 과제 제출을 조금 연기해주시면 안 될까요?"

칭찬이 불쾌해지는 또 다른 예는 똑같은 칭찬을 너무 자주 하거나 이 사람 저 사람 가리지 않고 하는 것이다. 이런 칭찬을 가식적인 칭찬이라고 한다.

내가 아는 어느 대기업 임원은 직원 한 사람 한 사람에게 "여러분이 아니면 나는 아무것도 할 수 없습니다."라고 입버릇처럼 말하곤 한다. 처음 듣는 사람에게는 매우 진솔하고 감동적이지만, 아무 때나 말하기에 진실성도 없을뿐더러 누구에게나 하는 말이기에 칭찬으로서의 가치 역시 떨어진다.

반복되는 칭찬은 오래지 않아 인사치레가 된다. 그러니 같은 내용이라도 상황 및 사람에 따라 달리 표현해야 한다.

/// 칭찬을 지속하고 싶다면 글로 써라

효과적으로 칭찬하려면 상대가 어떤 점을 인정받고 싶어 하는지 정확히 짚어내야 한다. 그러자면 꾸준한 관찰이 필수다.

사람마다 가치관이 다르듯 좋아하는 칭찬 유형도 다르다. 특히 비즈니스 관계에서는 능력과 성과를 칭찬하는 것이 효과적이다. 예컨대, 여직원에게 "○○씨, 오늘 정말 멋지네요. 데이트라도 있나 봐요?"라고 외모를 칭찬하는 것보다 "어쩌면 그렇게 패션 감각이 뛰어나요? 뭘 입어도 스타일이 산다니까."라는 식으로 능력을 칭찬하는 것이 좋다. 또한, 개인 생활에서의 능력보다는 "지난번에 작성한 제안서 너무 좋았어요. 기획력이 대단하던데요?"라고 업무에 관한 칭찬을 해주는 것이 더욱 효과적이다.

만일 칭찬 효과를 좀 더 지속하고 싶다면 말보다는 문자 메시지나 이메일, 편지 등을 활용하자. 글로 써준 칭찬이 말로 하는 칭찬보다 더 효과적이라는 것은 연애편지를 받아본 사람이라면 잘 알 것이다. 말로 하는 칭찬은 한 번 듣고 그때만 기분 좋을 뿐 금세 잊히지만, 종이에 쓴 칭찬이나 문자 메시지, 이메일을 통해 받은 칭찬은 오랫동안 간직하면서 두고두고 볼 수 있다. 칭찬을 담은 이메일을 한 번 읽고 삭제하는 사람은 거의 없기 때문이다. 무엇보다 글로 하는 칭찬은 얼굴을 맞대고 하는 칭찬처럼 쑥스럽지 않다. 그러니 주위에 마음의 보양식이 필요한 사람이 있다면 당장 짧은 칭찬 글이라도 전해보자.

/// 가끔 자신을 스스로 칭찬하자

직장인들은 과연 어떤 말을 가장 듣고 싶어 할까.

한 취업 포털 사이트에서 직장인들이 가장 듣고 싶은 말을 조사한 적이 있다. 그 결과, '잘했다'는 칭찬을 가장 듣고 싶어 하는 것으로 나타났다. 문제는 1년 넘게 칭찬을 듣지 못했다는 사람이 무려 90%가 넘었다는 것이다. 그만큼 우리나라 사람들은 칭찬에 서툴고 인색한 편이다. 그렇다면 다른 사람의 칭찬을 무작정 기대하느니 가끔 자신을 스스로 칭찬하는 것이 훨씬 현실적이다. 아닌 게 아니라 스스로 하는 칭찬도 타인이 해주는 칭찬과 같은 효과를 발휘한다. 이는 뇌과학적으로도 이미 증명된 바 있다.

사람들은 특정한 방식으로 자신을 묘사하거나 표현하도록 유도함으로써 자신에 대한 시각을 변화시킨다. 일례로, 어떤 실험에서 자신을 긍정적인 이미지로 표현하도록 요구받은 실험 참가자들은 자신을 비우호적으로 표현하도록 요구받은 사람들에 비해 실험이 끝난 후 자신을 훨씬 긍정적으로 평가했다. 다른 실험에서도 비슷한 결과가 나왔다. 자신을 사교적인 사람으로 묘사하도록 유도된 실험 참가자들은 다음에 자신을 훨씬 사교적인 사람으로 평가했으며, 그 후의 상호작용에서 더 사교적으로 행동했다. 이는 앞서 설명한 내면화 논리 때문이다.

/// 화려한 이벤트보다 어떤 말을 하느냐가 중요하다

요즘 프러포즈는 이벤트 대행사까지 동원해서 화려하게 꾸미는 경우가 많다. TV에서 보여주는 연예인들의 프러포즈가 워낙 멋있어 보이기도 하고, 나중에 아내가 "나는 제대로 된 프러포즈도 못 받고, 억울해."라고 원망할까 봐 두렵기도 해서 갈수록 거창해지는 듯하다. 단기속성 학원에서 피아노를 배우고, 그녀만의 특별 무대를 만들고, 노래를 부르고, 엄청난 꽃다발을 안겨주고….

하지만 너도나도 하는 이벤트에는 단점이 있다. 어쩐지 식상하다는 것이다. 아무리 이벤트가 거창해도 결국 고백하는 건 우리가 전하는 말이다. 그러니 이벤트에 치중하기보다는 자연스럽게 고백하는 방법을 고민해야 한다. 그편이 성공 확률도 훨씬 높다. 이를테면, 여자 친구와 헤어지는 집 앞에서 "너랑 헤어지기 정말 싫어. 우리 매일 만나면서도 헤어지지 않을 수는 없을까?"라고 하면 얼마나 멋있고 자연스러운가.

그런가 하면 간혹 프러포즈를 대단한 행사라도 치르는 양 며칠 전부터 '공지'하는 사람들도 있다. "이번 주말에 정말 중요한 말을 할 게 있어."라는 식이다. 이벤트를 준비하는 입장에서 들뜨는 마음을 숨길 수 없는 건 이해하지만, 그렇게 수없이 다짐하면서 어떻게 깜짝쇼를 할 수 있겠는가. 말만 안 했지 상대가 이미 무슨 내용인지 짐작하도록 해서는 김만 빠진다.

KEY POINT

"칭찬은 고래도 춤추게 한다."는 말이 있다. 하지만 잘못된 칭찬은 오히려 듣는 사람을 불편하게 할 뿐만 아니라 역효과를 내게 된다. 흔히 칭찬이라고 하면 단순히 상대에게 듣기 좋은 말을 해주는 것이라고 오해하기 쉽다. 하지만 칭찬은 단지 좋은 말만 하는 것이 아니다. 상대의 능력과 재능을 인정함과 동시에 진정성이 담겨있을 때만이 그 효과가 있기 때문이다. 따라서 구체적인 근거를 들어 칭찬하되, 재능보다는 노력을, 나아가 주위에 미친 영향까지 칭찬해야만 제대로 된 효과를 얻을 수 있다.

좋아하는 이성이 있다면
자이드롭을 함께 타라

/// 사랑의 속삭임, 심장과 뇌 어디서 먼저 반응할까

얼마 전 약속장소에 가기 위해 만원 지하철을 탔다. 옆에서 친한 회사 동료인 듯한 두 사람이 얘기를 나누고 있었는데, 어떤 얘기 끝에 한 사람이 지금의 여자친구와 사귀게 된 사연을 얘기했다. 빼곡히 들어찬 사람들에 치여 슬슬 짜증이 나던 참이었는데, 본의 아니게 그들의 얘기를 엿들으며 지겹지 않게 이동할 수 있었다.

그 남성의 이야기인즉슨, 친구로 지내던 여자 동료가 오랜 연애에 슬슬 지쳐가는 것 같기에 남성의 심리를 알려준다며 이런저런 조언도 해주고 힘들 때 술도 함께 마시며 위로를 해줬다고 한다. 그런데 어느 날 그 여성이 좋아하는 다른 남자가 생겼다기에, "그럼 차라리 이참에 새로 시작해보라"며 독려했더니, 자기에게 고백하더라는 것이다.

이처럼 연애 상담을 하다가 이른바 '눈이 맞은' 사례는 사랑의 역사에 비일비재하다. 가장 믿었던 친구에게 고백을 도와달라고 부탁했다가 사랑을 뺏기는 비극적인 일도 있다.

사실 다른 사람을 통해 사랑 고백을 하는 건 여러 면에서 위험하다. 최악의 경우 앞서 말한 대로 사랑을 빼앗길 수도 있기 때문이다. 또한, '사랑 고백은 남자의 몫'이라는 통념이 팽배한 우리 정서에서는 스스로 고백도 못 하는 용기 없는 남자가 되어 버린다. 따라서 아무리 수줍음이 많더라도 사랑 고백만큼은 자기 힘으로 해야 한다.

/// 사랑 고백은 장소가 한몫한다

마음에 드는 이성과 사귀고 싶다면, 상대를 먼저 놀이동산으로 데려가 자이로드롭을 함께 타라. 그리고 100m 상공으로 올라가서 내려올 때 상대와 눈을 맞춰라. 그러면 상대는 당신에게 미묘한 감정을 느끼고 다음날 당신에게 곧바로 전화할 것이다. 엉뚱한 말 같지만, 이는 과학적으로 증명된 이론이다.

《LOVE : 사랑에 대해 알아야 할 모든 것》의 저자인 심리학자 아야라 말라흐 파인즈^Ayala Malach Pines는 수천 쌍의 커플을 인터뷰한 결과, 극적인 사건을 겪은 뒤 극도로 흥분된 상태에서 만난 사람과 사랑에 빠진 경우가 20%에 이른다고 했다. 예컨대, 대학에 입학하거나 해외여행을 가는 등의 새로운 상황에서 쉽게 연애에 빠지며, 부모의 죽음이나 애인과의 결별 같은 아픔을 경험한 뒤에 만나는 이성에게 쉽게 끌린다는 것이다. 말하자면 대학 1학년 때 공부보다 연애에 열중하는 건 인간의 본성이라는 것이다.

1991년 중동에서 벌어진 걸프전 당시 이스라엘에서는 이른바 '전시 사랑War love'이라 불리는 현상이 나타났다. 전쟁이라는 극적인 사태를 겪으면서 사람들은 사랑에 빠졌고, 심지어 이혼했거나 별거 중이던 부부들 역시 피난 생활을 함께하면서 다시 결합하는 경우가 많았다. 우리나라 역시 2002년 월드컵 열기가 맺어준 커플이 적지 않다. 그렇다면 이런 현상을 과학에서는 어떻게 설명할까.

캐나다 브리티시콜롬비아대학교 아서 아론Arthur Aron과 도널드 더튼Donald Dutton 박사의 카필라노 실험Capilano Suspension Bridge experiment에 힌트가 있다.

캐나다 밴쿠버 근처에 있는 카필라노 강에는 두 개의 다리가 있다. 하나는 절벽을 가로지르는 길이 137m 길이의 카필라노 현수교이고, 다른 하나는 좀 더 상류에 있는 나무로 견고하게 만든 다리다. 그중 흔들다리인 카필라노 현수교는 강 위 70m 높이에 매달려 있는데다 난간까지 낮아서 두려움을 느끼기에 충분하다.

실험은 다음과 같이 진행하였다.

연구자들이 고용한 아름다운 여성이 간단한 설문지를 들고 공원으로 가서 한 번은 카필라노 현수교에서, 또 한 번은 튼튼한 나무다리에서 지나가는 남성들에게 설문지를 작성해달라고 부탁했다. 이때 그녀는 자연 풍광이 창조적 표현력에 어떤 영향을 미치는지 연구 중이라며 자신을 소개했는데, 대부분 남성이 흔쾌히 그녀의 부탁을 들어줬다. 그렇게 해서 상대 남성이 설문지 작성을 마치면 종이 한 귀퉁이를 찢어서 전화번호를 적어준 후 설문 결과가 궁금하면 연락을 달라고 했다.

그 결과는 매우 놀라웠다. 흔들리는 현수교 위에서 설문에 응한 남성 18명 가운데 9명이 전화를 걸어온 것이다. 그러나 나무다리에서 설문에 응했던 16명 중에서는 겨우 2명만이 프로젝트가 궁금하다는 핑계로 전화를 걸어왔다. 안전한 나무다리보다 흔들리는 현수교 위에서 만난 사람들이 4배나 많이 유혹당한 것이다.

혹시 연락해온 남성들이 정말로 프로젝트에 흥미를 느꼈던 것은 아닐까. 그게 아니면 현수교로 건넌 사람들이 나무다리로 건넌 사람들보다 호기심이 많았던 것은 아닐까, 라고 생각할 수도 있다. 이를 검증하기 위해 연구자들은 다시 한번 실험을 했다.

이번에는 남성을 고용해서 똑같은 방법으로 두 다리 위에서 남성들에게 설문을 작성해달라고 했다. 그랬더니 어디서 실험했건 전화벨은 거의 울리지 않았다.

이를 통해 보건대, 흔들리는 현수교에서 설문에 응답한 남성들은 프로젝트 자체에 관심이 있었던 것이 아니라 조사하는 여성에게 매혹되었음을 알 수 있다. 그렇다면 현수교 위의 남성들만 특별히 유혹당한 이유는 과연 뭘까.

높고 흔들리는 현수교는 우리 뇌에 '조심해! 위험해!'라는 신호를 보낸다. 나지막하고 튼튼한 나무다리는 긴장을 푼 채 건널 수 있지만, 현수교는 절대 그럴 수 없다. 위험을 감지한 뇌는 부신신경에 경계 신호를 보낸다. 경계 신호는 흥분 호르몬을 분비하고, 눈 깜짝할 사이에 신체의 힘이 활성화된다. 이때 뇌는 몸이 무엇 때문에 흥분하는지 기록하고 이것을 설명하려고 시도한다. 그리고 두 가지 가능성을 발견한다. 다리 또는 여성! 중요한 것은 이런 혼란스러운 상황에서 우리 뇌는 엉뚱한 원인을 선택한다는 것이 연구진의 주장이다. 바로 여성을 선택하기 때문이다. '이 여자가 내 무릎을 후들거리게 하고, 내 심장을 울렁거리게 하는 것을 보면, 내가 이 여자를 매력적으로 생각하는 게 틀림없어.'라며, 그녀에게 빠졌다고 확신하는 것이다.

뉴욕주립대학교 심리학과 스튜어트 발린스Stuart Valins 교수는 이와 관련해서 더욱 노골적인 실험을 했다. 그는 젊은 남자들의 가슴에 오디오 기기를 연결해 자신의 심장박동을 들을 수 있게 한 뒤 아름다운 여성들의 사진들을 보여주면서 사진마다 달라지는 자신의 심장박동 소리를 직접 듣게 했다. 그러나 실제로는 미리 녹음해둔 심장박동 소리를 틀어놓은 것이었다. 그 결과, 참가자들은 자신의 신체 반응과는 상관없이 특정 여성의 사진을 볼 때 갑자기 빨라지는 심장박동 소리를 들었다. 그런 뒤 사진 속 여성들의 매력을 평가하게 하자, 자신의 심장을 미친 듯이 뛰게 했다고 생각한 여성에게 압도적인 점수를 주었다. 중요한 것은 한 달 뒤 사진을 거의 기억하지 못한 상태에서도 기존 의견을 고수했다는 것이다. 심지어 실험의 내막을 전부 알게 된 후에도 자신의 판단을 포기하지 않았다.

/// 사랑 고백은 맑은 날보다 흐린 날이 좋다

고백할 때는 날씨도 잘 따져봐야 한다. 날씨에 따라 사람의 심리가 크게 변하기 때문이다. 예를 들면, 아이스크림은 어떤 날씨에 가장 많이 팔릴까. 해가 쨍쨍한 더운 날 많이 팔릴 것 같지만, 의외로 구름이 많고 흐린 날 가장 많이 팔린다고 한다.

여성들은 남성에 비해 날씨에 따른 심리 변화가 특히 심하다. 그래서 예부터 봄바람이 꽃향기를 싣고 살랑살랑 불어올 때면 처녀들의 가슴에는 사랑의 봄기운이 가득해 봄바람이 난다고 하지 않던가. 이럴 때 화창한 야외로 나가서 활짝 핀 꽃밭에서 "꽃보다 아름다운 당신을 사랑한다."라고 한다면 얼마나 황홀해 하겠는가.

비가 주룩주룩 내리는 흐린 날에는 괜히 외로워지며 누군가에 대한 그리움으로 울적해지곤 한다. 이럴 때 저음의 목소리로 사랑을 고백하면 매우 효과적이다. 또한 엄동설한에는 누군가의 따스한 보살핌을 받고 싶은 것이 여성의 심리다. 그 때문에 겨울에는 따뜻한 손으로 상대 손을 꼭 잡으면서 사랑을 고백하면 효과적이다. 부슬부슬 안개비가 내리거나 함박눈이 펑펑 내리는 날 역시 이성의 균형이 무너져 마음 한구석에 공허함을 느끼기 때문에 사랑 고백하기에 좋다.

이렇듯 여성들은 날씨에 따라 심리 변화가 아주 다양하게 표출된다. 하지만 대부분 남성은 이를 적절하게 이용하지 못하는 경향이 있다. 그러다 보니 여성의 표정이 매우 밝고 기분도 좋아 보이는 맑은 날을 잡아 사랑 고백을 하곤 한다. 결론적으로 쾌청한 날씨는 사랑 고백에 적합하지 않다. 사랑 고백은 기분이 좋아 균형 감각이 확실하게 잡혀 있을 때보다는 심리적인 변화나 동요가 있을 때 흔들리는 그 감정에 호소하는 것이 가장 효과적이기 때문이다.

/// 아이처럼 프러포즈하라

프러포즈하는 심정은 설렘 반, 두려움 반이다. '내 마음을 받아주지 않으면 어쩌지'라는 두려움부터 '그녀가 감동할 만큼 고백이 멋져야 할 텐데.'라는 걱정까지, 마음이 한순간도 진정되지 않고 이리저리 널뛴다. 그러다 보니 크고 작은 실수를 저지르곤 하는데, 촛불이 꺼지거나 노래가 제때 안 나오는 진행상의 사고는 차라리 귀엽기라도 하다. 문제는 급한 마음에 해서는 안 될 말을 하는 것이다. 그렇다면 프러포즈를 할 때 피해야 할 말에는 과연 무엇이 있을까.

첫째, 그 자리에서 대답을 강요해선 안 된다.

"너랑 사귀고 싶은데, 너는 어때? 응?" 혹은 "나랑 결혼해줄 거지? 그렇지?"라는 식으로 마구 들이대선 안 된다. 좋아한다는 고백을 했으면 상대에게도 생각할 수 있는 시간을 줘야 한다. 갑작스러운 고백에 당황한 상대는 자동으로 방어적인 자세를 취하게 된다. 더욱이 여성의 경우 그런 경향이 훨씬 강하다. 이는 남녀의 사고방식이 다르기 때문이다.

남성은 결과를 중요하게 생각하는 특성이 있다. 그래서 새벽 2시에 일어나서라도 월드컵 축구경기를 봐야 한다. 경기 결과가 궁금해서 잠을 잘 수 없기 때문이다. 그래서 고백을 한 뒤에도 당장 대답을 듣고 싶어 한다. 하지만 여성은 결과보다 과정을 중시한다. 그 때문에 축구경기보다는 줄거리가 있는 드라마를 즐겨본다. 이에 프러포즈를 받아도 그 자리에서 확답을 하기보다는 고백한 다음에 남성이 어떻게 행동하는지를 계속 관찰한 후 결정하게 된다. 그런데 생각할 시간도 주지 않고 대답을 강요 하면 여성은 부담을 느끼고, 급기야 만남 자체를 꺼리게 된다.

둘째, 너무 부담스러운 멘트는 피해야 한다.

간혹 TV 드라마 주인공의 대사를 흉내 내는 사람들이 있는데, 재미는 있을지언정 장난스럽게 느낄 수 있으므로 유의해야 한다. "어디 타는 냄 새 안 나요? 제 가슴이 타고 있잖아요."라고 하면 너무 느끼하고, 갑자기 손을 잡다가 가슴에 댄 뒤 "이 안에 너 있다."라고 하면 진저리치는 수 가 있다. 고백할 때는 진지하되 부담 없는 멘트가 좋다.

셋째, 협박은 최악의 프러포즈다.

흔히 남성들 중에는 여성들이 터프한 것을 좋아한다고 생각하는 경향 이 있다. 하지만 이는 천만의 말씀이다. 여성을 자동차에 태우고 고속도 로에서 시속 150km가 넘는 속도로 달리면서 "널 좋아해. 내 사랑을 받아 줄 때까지 멈추지 않을 거야!"라고 하면 상대 여성은 그저 두려움에 떨 뿐이다. 또한, 케이블카나 고층 빌딩 옥상에서 "사랑을 안 받아주면, 여 기서 뛰어내린다."라며 위협인지 애원인지 모를 고백을 하는 사람들이 있는데, 이는 최악의 결과를 낳는다. 만일 그녀가 "그래, 차라리 뛰어내 려!"라고 한다면 어떻게 할 것인가.

가장 훌륭한 고백은 아이처럼 말하는 것이다. 아이들은 엄마를 뚫어지 게 바라보면서 "나는 엄마가 이 세상에서 제일 좋아."라고 한다. 엄마가 "왜?"하고 물어보면 "그냥!"이라고 한다. 그것이 정답이다. 좋아하고 사랑하는데 어떤 이유나 조건이 있겠는가. 진정한 사랑은 아무런 이유나 조건이 필요하지 않다.

KEY POINT

우리는 사랑해서 흥분하기도 하지만, 흥분하는 걸 보니 사랑에 빠졌다고 해석하기도 한다. 전혀 다른 이유로 흥분했을 때도 우리 뇌는 그것을 사랑이라고 착각하는 것이다. 그러니 좋아하는 이성과 사랑에 빠지고 싶다면 고장 난 엘리베이터에 갇히는 일도 마다할 일이 아니다.

상처만 잘 도려내는
부부싸움의 기술

/// 싸우더라도 마음은 다치게 하지 말라

우리나라에서 하루 평균 몇 쌍이 결혼할까? 2017년 통계청 자료에 따르면 하루 725쌍의 커플이 박수갈채를 받으며 결혼식을 올린다고 한다. 그렇다면 하루 평균 몇 쌍이 이혼할까? 2017년 기준 10만 6천 쌍의 커플, 즉 하루 평균 290쌍이 서로 갈라섰다. '밤마다 헤어지는 것조차 아쉬워서' 결혼한 이들의 4분의 1이 헤어지는 셈이다. 참으로 안타까운 일이다. 그렇다면 왜 이렇게 이혼율이 높은 것일까.

가장 큰 이유는 많은 사람이 결혼에 대한 환상을 갖고 있기 때문이다. 법정 스님은 사랑을 일컬어 '찬란한 오해'라고 한 바 있는데, 그런 오해가 결혼생활에서 현실로 드러나면서 갈등이 불거지는 것이다. 특히 미혼여성들의 경우 남자다움과 남편다움을 혼동하는 경향이 있다. 여성들은 남자다움의 대명사가 되어버린 터프함이나 카리스마에 빠져 그의 어깨에 기대고, 품에 안기기를 원하지만, 그 멋진 연인이 과연 남편이 되어서도 언제, 어디서나 팔을 내어줄까. 일단 결혼하고 나면 "피 안 통해. 머리 치워."라며 돌아눕는 남자들이 더 많다. 반대로 '아가씨'에서 순식간에 '아줌마'로 돌변하는 아내에 대한 남자들의 실망감도 만만치 않다. 그게 현실이다.

이렇듯 서로에 대한 기대치와 현실이 너무 다르다 보니 부부싸움을 안 하는 게 오히려 이상할 정도다. 게다가 성(性)은 물론 자라온 환경 역시 다르니만큼 갈등을 피할 수 없다. 하지만 평생 가족을 이루며 살 사람들이니만큼 싸움을 하더라도 마음은 다치게 하지 말아야 한다. 상처만 잘 도려내는 싸움의 기술이 필요한 것이다. 이를 심리학 용어로 이질성의 조화^{Harmony of Heterogeneity}라고 한다.

/// '3비'는 반드시 피해야 한다

가장 중요한 것은 한 가지 사안만 놓고 싸우는 것이다. 그런데 처음에는 양말 뒤집어놓은 것으로 시작했는데, 나중에는 결혼할 때 해온 혼수 및 시부모 험담으로 싸움이 번지곤 한다. 감정이 상하면 상대의 약점만 골라내 상처를 주는 경우도 많다. 이러면 부부싸움이 칼로 물 베기가 아니라 칼로 마음 베기가 되어 버린다. 칼로 마음을 베지 않으려면 '3비'를 반드시 피해야 한다.

첫째, 서로 비교하는 말을 삼가야 한다.

사람들이 가장 싫어하는 말이 다른 사람과 비교하는 말이다. 남편들이 가장 싫어하는 말은 옆집 아빠와 비교하는 것이고, 아내들이 가장 싫어하는 말은 여자 연예인이나 회사 여직원들을 칭찬하는 말이다. 나아가 배우자의 가족이나 아이들을 끌어들여서 말하는 것 역시 금물이다. 예컨대, "애가 당신 닮을까 겁난다."라는 말을 듣고 좋아할 사람은 아무도 없다.

둘째, 서로 비난하는 말을 삼가야 한다.

아내가 온종일 애들 돌보느라 힘들다고 하면 "그것 조금 했다고 뭘 그래? 나는 (직장에서) 죽다가 살아왔구먼."이라고 대답하고, 어깨가 아프다고 하면 "나는 머리끝에서 발끝까지 온몸이 다 아파."라고 한술 더 뜨는 남편들 때문에 이 땅의 아내들은 속상하다

셋째, 서로 비아냥거리는 말을 삼가야 한다.

아내가 "자기야, 만약 5분 후에 지구가 멸망한다면 뭘 할 거야?"라고 물었다. 그러자 남편이 한참을 생각하더니 부인을 의식한 듯 "당신과 마지막으로 찐하게 사랑을 나누지, 뭐"라고 했다. 그 말은 들은 아내는 다시 이렇게 말했다. "그럼 남은 3분은 뭐해?"

/// 부부 사이를 더 단단하게 하는 화해의 기술

싸우는 기술만큼 중요한 것이 화해의 기술이다. 특히 부부 싸움은 의식구조가 다른 남녀 간의 갈등이기에 화해가 더욱더 쉽지 않다. 남자끼리는 서로 싸우고 나서 미안하다고 사과하면 그만이지만, 여성들은 다르다. 아내가 "괜찮아"라고 한다고 그걸 그대로 믿고 '이제 끝났다'라고 생각하면 절대 안 된다. 길거리를 지나가는데 아내가 액세서리를 보고

"어머, 예뻐!"라고 하면 무슨 뜻이겠는가? 맞다. 당연히 사달라는 얘기다. 그런데 남편들은 그걸 굳이 물어본다. "사줄까?" 그러면 아내는 뭐라고 할까. 당연히 "괜찮아, 됐어."라며 손사래를 친다. 문제는 지갑을 꺼내던 남편들이 그 대답에 지갑을 도로 집어넣는다는 것이다. 은근히 기대하고 있던 아내 역시 마음이 닫히는 순간이다.

이처럼 생각이 다르기 때문에 남녀관계가 어려운 것이다. 따라서 부부싸움 후 화해하려면 서로 특별한 노력을 기울여야 한다. 그러자면 평소에 싸움의 공소시효를 24시간으로 정하는 등 화해를 돕는 규칙을 정해두는 것이 좋다. 무엇보다도 상대의 마음에 남은 상처가 아물도록 사랑으로 돌봐야 한다.

KEY POINT

자라온 환경과 성격이 다른 만큼 부부가 싸우지 않을 수는 없다. 하지만 비록 싸우더라도 마음만은 서로 다치게 하지 말아야 한다.

자동차 왕 헨리 포드는 어느 인터뷰에서 "다시 태어난다면 무엇이 되고 싶은가?"라는 질문을 받고 이렇게 말했다.

"아내와 함께라면 무엇으로 태어나도 상관없습니다."

이처럼 멋진 한마디가 부부싸움 뒤의 우울함을 더 큰 기쁨으로 바꾼다.

머리가 아닌
마음으로 말해라

/// 70% 이상 가정이 하루 1시간도 대화하지 않는 현실

부모와 대화를 자주 하는 아이들의 성적이 그렇지 않은 아이들에 비해 훨씬 좋다는 연구 결과가 있다. 아이들 과외 시키는 것보다 좋은 것이 바로 대화임을 입증하는 것이다.

당신은 하루에 가족과 얼마나 대화하는가?

한 TV 프로그램에서 대한민국 평균 가정의 소통 상황을 조사했다. 그런데 그 파장이 작지 않았다. 가족 내 대화 단절이 얼마나 심각한 위기를 불러올 수 있는지를 단적으로 보여주었기 때문이다.

방송에 소개된 가정들은 겉으로 보기에는 매우 평범했지만, 놀라울 정도로 조용했다. 가족들은 거실과 각자의 방에서 TV를 보거나 컴퓨터만 했다. 식사 시간에도 TV만 혼자 떠들 뿐, 어느 가정도 대화를 리드하는 사람이 없었다. 심지어 한집에 살면서 3년 동안 대화를 하지 않은 가정도 있었다.

가족 간의 침묵은 수치로도 알 수 있다. 한 조사에 따르면, 하루 평균 가족 간의 대화시간이 한 시간 이내라는 응답자가 70% 이상을 차지했다. 부부 사이에도 마찬가지였다. 하루 평균 대화시간이 한 시간 미만이라는 응답이 33%나 되었다. 더 큰 문제는 따로 있다. 대화 만족도가 OECD 국가 중 최하위라는 것이다.

사정이 이렇다 보니 아이들은 고민이 생기면 가족보다는 친구와 먼저 상의한다. 가족을 가장 믿고 의지하지 않는 것이다. 특히 아버지가 문제였다. 여성가족부에서 전국 2,925가구를 대상으로 조사했는데, "아들딸이 고민이 있으면 당신과 가장 먼저 상의할 것으로 생각하는가?"라는 질문에 아버지의 절반 이상(50.8%)이 '그렇다'라고 했다. 같은 질문을 아이들에게도 했다. 과연, 어떤 결과가 나왔을까? 아이들의 4%만이 '그렇다'라고 했다. 아버지들이 너무 자만하고 방심하고 있다는 방증이다.

한 인터넷 사이트에서 남편들에게 "지금의 아내가 다시 태어나면 당신과 함께 살고 싶어 할까?"라고 물었더니 70% 이상이 '그럴 것'이라고 했다. 그러나 정작 아내들의 80% 이상은 "미쳤냐? 그 인간하고 또 살게"라고 했다.

/// 아버지의 역할이 중요하다

대화를 위해서는 가족 구성원 모두의 노력이 중요하지만, 그중에서도 아버지의 분발이 절실하다. 어머니들은 상대적으로 가족의 개인적 문제에 관심을 두고 함께 고민하는 데 능할 뿐만 아니라 가족이 부담을 느끼지 않는 편한 존재이기에 그만큼 소통이 쉽다. 하지만 아버지들은 가족보다는 사회생활을 중시하는 데다 권위적으로 '군림'하는 성향이 있어서 자칫 잘못하면 가족과 담을 쌓기에 십상이다. 따라서 대화의 물꼬를 트려면 아버지가 먼저 지금까지와는 다른 소통 방법을 익히고 다가가려고 노력해야 한다.

한번은 대기업 임원들에게 강의하면서 "가족과 많은 이야기를 나누십시오. 일 많이 해서 돈을 많이 벌어야 가정이 즐거운 것이 아니라 가정이 즐거워야 일도 즐겁습니다."라고 한 적이 있다. 그런데 갑자기 어느 임원이 불만을 터트렸다. 자기는 열심히 대화하려고 하는데, 가족이 별로 좋아하지 않는다는 것이다. 그 말에 의아해진 나는 어떤 식으로 대화했는지 물었다. 그러자 그 답이 참 놀라웠다.

일단, 가족을 집합시킨 후 회사에서 회의하듯이 "자, 지금부터 대화 시간을 갖겠다. 돌아가면서 무조건 한마디씩 한다. 알겠나?"라고 했다고 한다. 그런데 아무도 말을 안 하니까 화가 나서 "왜 기회를 줘도 말을 안 하는 거야? 날 무시하는 거냐?"라면서 가족을 쥐 잡듯 잡았다는 것이다.

/// 말할 '거리'와 '계기'를 만들어라

심리치료사이자 가족 치료 및 가정 내 의사소통의 권위자인 버지니아 사티어$^{Virginia Satir}$는 가족 간 의사소통의 이상적 모델로 '일치형 커뮤니케이션$^{Congruent Communication}$'을 꼽았다. 이는 자신과 타인 그리고 상황을 모두 존중하고 신뢰하는 소통방식으로, 주위의 모든 자원을 동원해서 개방적 대화를 이끌어가는 것을 말한다. 하지만 여기에는 전제조건이 있다. 아버지, 어머니, 자녀 모두 존중받아야 할 인격체임을 절대 잊어서는 안 된다는 것이다.

가족과 대화다운 대화를 하려면 먼저 하지 말아야 할 말부터 안 하도록 노력해야 한다. 특히 누군가를 탓하거나 비교하는 말은 절대 삼가야 할 1순위다. "쟤는 누구를 닮아서 저렇게 멍청한지 몰라!", "애들이 당신 닮을까 봐 겁난다니까."라는 비교의 말이나 "너만 공부 잘하면 우리 집은 걱정이 없어."라는 자녀를 탓하는 말은 발설되는 즉시 대화의 통로를 막아버린다.

위협하거나 설교하는 말 역시 마찬가지다. "공부 안 하면 이번 달 용돈 없는 줄 알아!" 엄마들이 종종 하는 말이지만, 이 말을 듣고 공부 의욕이 생길 아이는 아마 한 명도 없을 것이다.

"내가 어릴 적에는 말이야. 20리 길을 걸어서 학교에 다니고 농사지으면서 공부했다. 그런데 넌 뭐가 부족해서 공부를 못하나?"

기회만 있으면 자기 어린 시절 얘기를 늘어놓으며 이런 식의 설교를 늘어놓는 아버지들도 있다. 하지만 그래 봐야 아이는 절대 달라지지 않는다. 오히려 저항감만 불러일으킬 뿐이다.

대화는 의욕만으로 되지 않는다. 대화를 위한 대화만으로는 절대 이야기가 넘쳐나지 않는다. 말할 '거리'와 '계기'가 있어야만 대화 역시 풍부해지고 깊어지기 때문이다. 그러자면 먼저 가족 모두가 관심 가질 만한 '거리'를 찾아야 한다. 예컨대, 월드컵에서 우리나라가 몇 강까지 갈 수 있을까, 라는 이슈나 집 인테리어를 어떤 식으로 바꾸고 싶은지와 같은 가족만의 주제에 대해 자연스럽게 의견을 묻고 서로의 의견에 대한 인정과 반론을 적절히 섞어가며 대화를 이어나가야 한다.

다음으로 계기를 만들어야 한다. 계기를 만드는 가장 좋은 비결은 상대에게 뭔가를 배우려는 자세다. 예컨대, 아이에게 게임 방법을 가르쳐 달라고 하면서 이것저것 물어보고 함께하다 보면 많은 이야기를 나눌 수 있다. 아내의 취미가 도자기 만드는 것이라면 도자기 만드는 방법을 배우며 영화 〈사랑과 영혼The Ghost〉 흉내라도 내보자.

KEY POINT

가족 갈등을 푸는 최고 열쇠는 '대화'다. 문제는 대화 속에는 수많은 위험이 도사리고 있어 잘못 말했다가는 오히려 싸움이 날 수도 있다는 것이다. 하지만 그렇다고 해서 대화를 하지 않으면 마음의 골이 더 깊어진다. 말하지 않는다는 것은 '보기 싫다.'는 것과 같기 때문이다. 그때 필요한 것이 바로 '일치형' 커뮤니케이션이다. 그러자면 먼저 편견이나 선입관을 버리고 가족 구성원을 있는 그대로 봐야 한다. 또한, 가족 구성원이 무엇을 원하는지 알고, 각자가 원하는 것을 명령과 강제가 아닌 부탁하는 어조로 말해야 한다. 무엇보다도 가족의 대화는 머리가 아닌 마음으로 해야 한다는 사실을 절대 잊어선 안 된다.

'책임지겠다'고 해라

/// 리더의 책임감은 조직을 하나로 묶는 힘

일명 '죽음의 계곡'이라 불리는 베트남 아이드랑 계곡. 1965년 한 무리의 미군이 10여 년 전 프랑스군이 몰살당한 그 계곡을 찾았다. 자신들보다 무려 5배나 많은 베트남 정예 요원을 상대로 죽음의 전투를 치르기 위해서였다. 그러나 계속되는 패배와 부상에 그들은 점점 희망을 잃어갔다. 그러던 중 새로운 작전이 전달되었고, 최후의 반격을 시도해야 하는 대원들에게 대대장인 무어^{Hal Moor} 중령은 다음과 같이 말한다.

> "제7기병연대 안에는 우크라이나 출신 대위와 푸에르토리코 출신 대위, 일본인, 중국인, 흑인, 남미인 및 체로키 인디언, 유태교도와 이교도가 있다. 그들 모두 미국인이다. 지금, 이곳 미국 땅 안에서 우리 부대원 중 누군가는 인종과 종교 때문에 차별받았을 것이다. 하지만 제군들과 나를 위하여 이제 차별은 버려라.

우리는 이제 죽음의 계곡으로 들어간다. 여러분은 전우를 지켜주고, 그 전우는 여러분을 지킨다. 전우가 어떤 피부색을 가졌는지, 어떤 종교를 가졌는지는 모두 잊어라. 우린 잠시 집을 떠난다. 그건 우리가 영원히 함께할 가족을 지키기 위해서다. 다 같이 상황을 직시하자. 우리는 결연한 적에 맞서 적진으로 돌진한다.

제군들 모두를 무사히 데려오겠다는 약속은 해줄 수 없다. 그러나 제군들과 전지전능한 주님 앞에 이것만은 맹세한다. 우리가 전투에 투입되면 내가 맨 먼저 적진을 밟을 것이고, 맨 마지막에 적진에서 나올 것이며, 단 한 명도 내 뒤에 남겨두지 않을 것이다. 우린 살아서든 죽어서든 다 같이 고국으로 돌아온다."

그 연설의 힘 때문이었을까. 그 후 벌어진 72시간의 전투에서 무어 부대는 값진 승리를 거둔다.

〈위 워 솔저스 We were soldiers〉라는 영화로도 제작된 이 이야기는 아직도 많은 사람에게 진정한 리더십이 무엇인지에 관한 모범 답안으로 회자되고 있다.

사실 미국 내 인종갈등은 그 뿌리가 매우 깊다. 전쟁이라고 해서 그것이 없을 리 없다. 전쟁에 대한 두려움에 더해 인종갈등까지 있었으니, 그들의 사기가 높았을 리 없다. 모래알처럼 흐트러진 병사들의 마음을 다 잡기 위해 무어 중령은 '내 뒤에 한 명도 남겨두지 않겠다.'라고 약속한다. 사실 당시 패배를 직감한 본대는 무어 중령에게 귀환을 명령했다. 하지만 그는 안전 대신 대대장으로서의 책임을 선택했다. 그리고 그의 결단에 병사들은 하나가 되었고, 누구도 장담하지 못했던 전투를 승리로 이끌 수 있었다.

이렇듯 리더의 책임감은 조직 내 불신을 없애고, 조직을 하나로 묶는 강력한 힘이 된다. 이를 증명하는 사례는 수없이 많다.

다나카 가쿠에이田中角榮는 초등학교 졸업 학력으로 일본 총리 자리에 오른 입지전적 인물이다. 그가 대장성 장관으로 임명됐을 때의 일이다. 대장성은 우리나라 기획재정부에 해당하는 관청으로, 일본에서도 명문 대학을 나온 수재들만 들어갈 수 있었다. 그만큼 그곳에 근무하는 사람들의 자존심도 높았다. 그런데 초등학교밖에 나오지 않은 다나카가 장관에 임명되었으니, 직원들의 불만이 얼마나 컸을지는 보지 않아도 알 수 있다. 하지만 다나카는 취임식장에서 단 한마디로 직원들의 불만을 단숨에 잠재웠다.

그는 이렇게 말했다.

"일본 국민이 모두 알고 있듯이, 여러분은 수재 중에서도 수재입니다. 그리고 저는 초등학교를 겨우 마친 학력에다 대장성 일에 관해서는 문외한입니다. 그러니 대장성 일은 여러분이 하십시오. 저는 뒤에서 책임을 지도록 하겠습니다."

채 1분도 안 되는 이 연설에 일본 최고 수재들은 감동의 기립 박수를 보냈다.

/// '책임지겠다'라는 말의 의미

모든 조직은 집단을 이룸으로써 얻는 부가적 효과, 즉 시너지 효과를 기대한다. 그런 점에서 대부분 리더는 '1+1'은 2가 아니라 3이 될 수 있다는 믿음과 신념을 갖고 있다. 주목할 점은 어떤 경우에는 시너지 효과가 전혀 나타나지 않을 수도 있다는 점이다. 아니, 안타깝게도 시너지는커녕 평범한 수준에 머물고 만다. 그 이유는 과연 뭘까.

프랑스 심리학자 링겔만Maximillien Ringelmann은 줄다리기 실험을 통해 집단 속 개인의 공헌도가 어느 정도인지 측정했다. 한 사람이 줄다리기할 때 실험 참가자는 평균 63kg의 힘으로 줄을 당겼다. 그러나 2명이 함께 당길 때는 각자 55kg, 3명이 당겼을 때는 53kg의 힘만 들였다. 8명이 함께 당길 때는 31kg의 힘밖에 쓰지 않았다. 그들 전체가 발휘할 수 있는 힘보다 무려 256kg이나 적은 수치였다. 이처럼 사람의 숫자가 늘수록 1인당 공헌도가 오히려 떨어지는 집단적 심리 현상을 '링겔만 효과Ringelmann Effect'라고 한다.

자신에게 모든 책임과 권한이 주어져 있는 1대 1 게임과 달리 여러 명 가운데 한 사람에 불과할 때 사람들은 전력투구하지 않는 경향이 있다. 익명성이라는 환경 뒤에 숨기 때문이다.

누구나 이와 비슷한 경험을 한 적이 있을 것이다. 학창시절 및 직장에서 그룹 과제를 수행할 때, 팀 리더나 발표자가 되면 어떻게든 과제를 제대로 끝내려고 아등바등 애쓰고 동료들을 채근한다. 문제는 다른 사람들이 리더만큼 절대 움직이지 않는다는 것이다.

책임진다는 것은 직접 문제를 해결한다는 뜻이다. 이런 맥락에서 볼 때 책임질 줄 알아야만 사회적 의미의 '어른'이 된다고 할 수 있다. 하지만 우리 주변에는 공동 과제를 책임지기는커녕 자신이 벌인 일조차 나몰라라 하는 사람들이 적지 않다. 특히 그들은 책임을 회피하지 않고 항상 100의 힘을 쏟는 사람을 보며 미련하다며 비웃기까지 한다. 하지만 그런 우직함이 '믿음직한 존재'로 인정받는 지름길임을 그들은 모른다.

/// 사과를 잘 할수록 잃는 것보다 얻는 것이 많다

《월 스트리트 저널The Wall Street Journal, WSJ》에 "의사들이 '미안하다'는 말을 배우고 있다."는 기사가 실려 화제가 된 적이 있다. 의료진의 실수나 잘못으로 환자와 분쟁이 생겼을 때 의사가 먼저 사과하는 프로그램이 미국 병원에서 퍼지고 있다는 것으로, 그렇게 함으로써 불필요한 의료소송을 줄여 병원 경영과 홍보에도 적지 않은 도움이 된다는 내용이었다. 의사들이 말 배우는 유치원생도 아닌데, '미안Sorry'이라는 말을 배운다고 꼬집은 것은 그만큼 그들이 환자들에게 미안하다는 말을 하지 않는 것을 꼬집은 것이었다.

현재 미국 내 여러 병원에 퍼지고 있는 이 운동은 한 의료사고 피해자 가족의 아이디어에서 시작되었다. 홍보 컨설턴트로 활동하는 더그 위체식Doug Wojcieszak은 신시내티의 한 병원에서 의료진의 잘못으로 친형을 잃었다. 그의 형은 가슴 통증을 호소하며 응급실에 갔지만, 의사들은 그를 곧 돌려보냈다. 그의 형이 심근경색증 증세로 다시 응급실을 찾았을 때는 전에 그 병원에서 진찰받았던 그의 아버지 차트를 갖고 와서 진료하는 실수를 저지르기도 했다. 급기야 의료진이 그렇게 허둥지둥하는 사이 그의 형은 사망하고 말았다. 석연치 않은 죽음에 그의 가족은 병원에 해명을 요구했지만, 돌아온 것은 차가운 냉대와 묵묵부답뿐이었다. 결국, 법정소송까지 간 뒤에야 가족은 병원으로부터 보상금을 받을 수 있었다. 문제는 의사들이 제대로 된 사과만 했어도 그렇게까지 할 필요가 없었다는 것이다. 이에 더그 위체식은 새로운 운동을 펼치기로 하고, '소리 웍스Sorry Works'라는 단체를 만들어 사과 문화를 병원에 도입했다. 환자와 갈등이 생기면 병원이 먼저 모든 정보를 공개하고, 잘못이 드러나면 의료진이 사과하는 게 이 프로그램의 핵심이었다.

그 효과는 매우 놀라웠다. 미시간 대학병원 조사에 따르면, 프로그램 도입 후 262건에 이르던 의료소송과 분쟁이 100건 미만으로 줄어들었기 때문이다. 그러다 보니 평균 법정 소송비용 역시 4만8,000달러에서 2만 1,000달러로 절반 이상 줄었고, 소송기간도 20.7개월에서 9.5개월로 단축되었다. 역설적으로 병원이 얻은 가장 큰 소득은 정보 공개 후 의료진의 잘못이 발견되지 않으면 환자 측이 다시는 문제 삼지 않는 문화가 만들어졌다는 것이다. 현재 이 프로그램은 하버드, 스탠퍼드, 일리노이 등 주요 대학병원에서 운영되고 있다.

'미안합니다.', '실례합니다.' 등의 표현이 입에 붙은 서양인이나 일본인과 비교하면 우리나라 사람들은 매우 무뚝뚝한 편이다. 직업적 권위가 높은 의사들은 말할 것도 없고, 일반인들 역시 평소 생활에서 '미안하다'는 말을 생각보다 자주 쓰이지 않는다. 오죽하면 "방귀 뀐 놈이 성낸다."라는 속담도 있겠는가.

모든 갈등과 다툼은 스스로 잘못을 인정하지 않기에 증폭하고 폭발하는 법이다. 특히 나이가 많거나 권위를 가진 사람일수록 먼저 사과하기를 꺼린다. 또한, 그런 사람일수록 사과가 가져오는 체면 손상 같은 부정적 면은 과대평가하고, 갈등 해소, 관계 개선, 문제 해결 등의 긍정적 면은 과소평가하는 경향이 있다. 하지만 이는 착각에 불과하다. 하버드대학 케네디스쿨 교수이자 리더십 전문가인 바버라 켈러만^{Barbara Kellerman} 교수의 연구에 의하면, 실수나 잘못 앞에서 진심 어린 사과를 하는 리더일수록 잃는 것보다 얻는 것이 더 많기 때문이다.

사과를 자주 하면 부자가 될 수도 있다. 7,590명의 미국인을 대상으로 조사한 결과, 흥미롭게도 자신의 실수에 대해 기꺼이 사과하는 마음을 가진 사람은 사과를 회피하거나 거부하는 사람보다 더 많은 돈을 버는 것으로 나타났다. 실례로, 연 수입 10만 달러 이상인 사람은 연 수입이 2만 5,000달러 이하인 사람보다 자기 실수나 잘못 앞에서 미안하다고 사과할 의향이 두 배 가까이 높았다. 심지어 스스로 책임이 없다고 생각하는 사안에 대해서도 고액을 벌어들이는 사람은 저소득층보다 사과할 의향이 훨씬 강한 것으로 나타났다.

사실 사과에 대한 태도가 연봉에 어떤 영향을 미쳤는지는 명확하지 않다. 하지만 돈을 많이 버는 사람이 사과를 활용해서 갈등을 풀어내는 기술이 더 발달했거나, 자신의 실수를 인정하고 그것으로부터 배우려는 긍정적 태도가 연봉에 영향을 미쳤을 것이라고 보는 분석은 나름대로 꽤 설득력 있다.

/// 충고는 하되, 비판이나 비난을 해선 안 된다

세상에 충고받는 것을 좋아하는 사람은 거의 없다. 하다못해 어린아이들조차 그것을 싫어한다. 심지어 듣는 것만큼이나 하는 것 역시 고역이다. 잘못하면 의도와는 달리 꾸중이 되거나 비판이 되어 주제넘게 나서는 꼴이 될 수 있기 때문이다. 예컨대, "당신은 정말 하나도 문제가 없단 말인가?"라는 심리적 반발과 "당신이 내게 충고할 자격이 있는가?"라는 불쾌감까지 불러일으킬 수 있다.

사람들이 충고를 싫어하는 이유는 듣기 싫은 말은 들으려고 하지 않는 '지각의 방어 현상Perceptual Defense' 때문이다. 지각의 방어 현상이란 어떤 말을 평소만큼 잘 듣지 않으려는 현상을 말한다. 이는 자신의 믿음과 상반되는 말에 대해 자신을 보호하고, 자기 생각이 틀렸음을 인정하지 않는 심리가 작용하기 때문이다. 그렇다면 상대가 충고에 귀 기울이고, 나아가 기분 좋게 받아들이게 하려면 어떻게 해야 할까.

첫째, 의사가 되어야 한다.

우리는 의사 말을 잘 듣는다. 환자의 증상을 정확히 진단하고 알맞은 처방을 해주기 때문이다. 또한, 의사 말을 들으면 자신의 병이 완치되리라는 믿음이 있다. 따라서 누군가를 충고할 때는 마치 의사처럼 충고하려는 사람의 상태와 상황을 정확히 알고 그에 알맞은 말을 해야만 한다.

병원을 찾은 환자에게 왜 병에 걸렸냐며 혼내는 의사는 없다. 하지만 직장상사들 가운데 부하직원들의 잘잘못을 따지며 앞으로는 절대 그렇게 하지 말라는 사람들이 의외로 많다. 그러나 충고는 하되, 비판이나 비난을 해선 안 된다. 그래서는 반발심과 불쾌함만 생길 뿐이다. 그보다는 함께 문제의 원인을 분석하고, 대안과 해결책을 찾는 것이 중요하다.

둘째, 메뉴판이 되어야 한다.

식당에 가면 각자 취향대로 메뉴를 고른다. 충고 역시 충고를 듣는 사람이 선택할 수 있는 몇 가지 메뉴 형태로 제시해야만 효과가 있다. 이를 '주의의 전이 현상'이라고 한다. 주의의 전이 현상이란 상대가 주의를 기울이는 대상이 바뀌는 현상을 말한다. 예컨대, 화가 난 사람에게 뜨거운 커피를 권하면 화가 나 있던 신경이 뜨거워진 손으로 이동해 화를 가라앉히는 데 도움이 된다.

충고 역시 마찬가지다. 충고에 대한 선택권을 주게 되면 상대가 충고를 당연하게 받아들일 뿐만아니라 무엇을 선택할지에만 집중하게 된다.

셋째, 바람둥이가 되어야 한다.

바람둥이들을 옹호하는 것은 아니지만, 바람둥이들은 상대에게 충고할 때도 기술적으로 한다. 예컨대, 여성의 화장이나 패션에 대해 충고할 때 그들은 절대 현재 상태를 직접 나무라지 않는다. 그녀가 보여줬던 과거의 아름다움을 상기하며 지금의 잘못을 우회적으로 말할 뿐이다. 하고 싶은 말은 다 하면서도 상대의 기분까지 살피는 것이다.

KEY POINT

링겔만 효과와 시너지 효과는 '하나가 아닌 함께'라는 의미가 있지만, 그 결과는 정반대 효과가 발생한다. 이런 차이가 발생하는 이유는 명확하다. '나 하나쯤이야'라는 무책임함이 링겔만 효과를 불러오며, '나도 함께 힘을 보태야 해'라는 책임감이 시너지 효과를 가져오기 때문이다.

책임지겠다는 사람을 싫어하는 사람이나 조직은 어디에도 없다. 그러니 누군가에게 진심으로 자신의 존재를 어필하고 싶다면, 자신이 가진 모든 능력과 함께 '책임지겠다.'라는 말을 덧붙여야 한다. 그 어떤 말보다도 진심을 전할 수 있기 때문이다.

진짜 말 잘하는 사람들의 두 가지 비결

지금까지 커뮤니케이션의 다양한 기법에 관해 살펴보았다. 커뮤니케이션 달인이 되는 데 필요한 기술이 여기 소개한 것에만 한정되지는 않겠지만, 이 책에 소개한 내용만 제대로 숙지해도 일상적인 소통은 물론 한결 깊은 인간관계를 맺는 데 큰 힘이 되리라고 생각한다.

다만, 진짜 커뮤니케이션 잘하는 사람이 되려면 지금까지 소개한 기법과 함께 커뮤니케이션에 꼭 필요한 두 가지 지혜 역시 명심해야 한다. '잘 듣는 것'과 '말한 대로 움직이는 것'이 바로 그것이다.

/// 커뮤니케이션에 꼭 필요한 두 가지 지혜

세계적인 제약회사 화이자[Pfizer] 회장을 지낸 제프리 킨들러[Jeffrey B. Kindler]는 직원들의 이야기를 잘 들어주는 것으로 유명했다.

그는 매일 10개의 1센트 동전을 바지 왼쪽 주머니에 넣고 집을 나섰는

데, 직원과 대화 후 그의 고민이나 이야기를 충분히 들어주었다는 생각이 들면 왼쪽 주머니에 있던 동전 하나를 오른쪽 주머니로 옮겼다. 그렇게 해서 하루를 보낸 후 왼쪽에 있는 10개의 동전이 모두 오른쪽 주머니로 옮겨지면, 스스로 100점을 줬다. 이에 대해 그는 이렇게 말한 바 있다.

"바쁜 일정 속에서도 매일 내게 이런 숙제를 내는 이유는 CEO로서 가장 중요한 것이 직원들과의 대화라고 생각하기 때문이다."

영화 〈필라델피아^{Philadelphia}는〉에서 조 밀러 변호사 역할을 맡은 덴젤 워싱턴$^{Denzel\ Washington}$은 늘 상대에게 "미안하지만, 제가 여덟 살짜리 아이라고 생각하면서 말해주십시오."라고 말하는 습관이 있다고 한다. 이는 자신은 다 알고 있다는 자만과 설령 몰라도 체면 때문에 묻지 못하는 부끄러움을 깨뜨리기 위해서라고 하는데, 진짜 커뮤니케이션을 잘하는 사람이 되려면 새겨들어야 할 말이다.

/// 잘 듣고, 말이 아닌 행동으로 보여줘라

미국 잡지 《트레이닝$^{Training\ Magazine}$》의 보고서에 의하면 "95%의 경영자가 옳은 말을 하지만 정작 그렇게 행동하는 경영자는 채 5%도 되지 않는다."고 한다.

이처럼 말만 잘하고 행동하지 않는 사람을 'NATO$^{No\ Action\ Talking\ Only}$'라고 한다.

말만 하고 실천하지 않으면 누구에게도 믿음을 줄 수 없다. 우리는 그런 사람을 '입만 살았다'라고 비웃으며 사기꾼이나 떠버리 취급하곤 한다.

시인 하만스타인^{Hamanstenin}의 말마따나 "울리지 않는 종은 종이 아니며 부르지 않는 노래는 노래가 아니고 표현하지 않는 사랑은 사랑이 아니다."

갈수록 첨단 기술이 삶의 질을 획기적으로 향상하고, 커뮤니케이션 방법 역시 점점 다양해지고 있다. 그런데 이상하게도 커뮤니케이션만은 점점 힘들어지는 이유는 과연 뭘까.

말은 많은데 행동이 없기 때문이다. 진짜 말 잘하는 사람은 말이 많은 사람이 아닌 자신의 말에 책임지는 사람이다. 책임을 진다는 것은 행동으로 보여준다는 것이다. 행동으로 보여주면 상대의 의심을 불식시키고 감동을 줄 수 있다. 행동으로 보여주는 사람은 말이 떨어지기 무섭게 바로 실천한다. 조금이라도 주저하거나 싫은 내색 없이 과감하게 행동으로 옮기는 것이다. 어떤 면에서는 이런 행동이 즉흥적으로 보일 수도 있다. 하지만 즉각적인 행동은 상대의 감정에 적지 않은 파문을 일으킨다.

오래 전, 한 후배의 집 전화기 음성사서함에 다음과 같은 말이 녹음되어 있었다.

"저는 지금 외출 중입니다만, 저를 보고 싶으신 분들은 언제든지 보고 싶다고 말만 남기세요. 어디든지 바로 달려가겠습니다."

당시 후배는 부산에 사는 여자 친구를 사귀고 있었다. 그러다 보니 주로 이메일로 사랑을 주고받았는데, 어느 겨울날 여자 친구가 보고 싶다는 메시지를 남겼다고 한다. 그 메시지를 듣자마자 후배는 기차를 타고 부산에 내려가 새벽녘에 꽃집 문을 두드려 장미꽃을 사서 연인의 집 앞을 지켰다고 한다. 출근하던 여자 친구가 흰 눈을 맞고 꽁꽁 언 채 장미

꽃다발을 들고 있던 그를 보고 감동의 눈물을 흘린 것은 두말할 필요가 없다.

선배 유부남이 후배 유부남들에게 보내는 삶의 지혜 중 다음과 같은 글이 있다.

"아내가 TV를 보고 있을 때는 채널을 절대 돌리지 마라. TV 채널 선택권에 대해서는 아내의 독점권을 인정하고, 입이 궁금할 때는 아내를 위해 알아서 오징어나 과일을 준비해라. 그러면 아내는 자네를 사랑스러운 남자로 생각할 것이다."

아내가 〈겨울연가〉 같은 드라마를 보면서 울더라도 절대 한심한 눈으로 쳐다보거나 혀를 차선 안 된다. 살며시 곁에 앉아서 티슈나 손수건을 준비해뒀다가 건네줘라. 그러면 아내는 최지우처럼 당신에게 살포시 안길 것이다. 설령, 당신이 배용준이 아닐지라도.

참고문헌

• 《공감》_ 박성희, 이너북스, 2009

• 《교섭력》_ 나이토 요시히토, 시그마북스, 2008

• 《괴짜 심리학》_ 리처드 와이즈먼, 웅진지식하우스, 2008

• 《은밀한 설득》_ 케빈 호건 · 제임스 스피크먼, 위즈덤하우스, 2008

• 《비즈니스 협상 심리학》_ 간바 와타루, 에이지21, 2007

• 《스틱》_ 칩 히스 · 댄 히스, 웅진윙스, 2007

• 《콜드리딩》_ 이시이 히로유키, 웅진윙스, 2006

• 《끌리는 사람은 1%가 다르다》_ 이민규, 더난출판사, 2005

• 《통쾌한 대화법》_ 공문선, 흐름출판, 2005

• 《설득의 심리학》_ 로버트 치알디니, 21세기북스, 2002

• 《프로 상사의 부하경영 심리술》_ 시부야 쇼조, 글담, 2001

• 《소비자 심리의 이해》_ 홍성태, 나남, 1999

• 《무엇이 사람을 움직이는가》_ 최창호, 가서원, 1997

마인드 리딩 커뮤니케이션
MIND READING COMMUNICATION

초판 1쇄 인쇄 2018년 12월 10일
초판 1쇄 발행 2018년 12월 18일

지은이 공문선
발행인 임채성
디자인 산타클로스 _ 曉雪

펴낸곳 루이앤휴잇
주 소 서울시 양천구 목동동로 233-1, 1010호(목동, 현대드림타워)
전 화 070-4121-6304   **팩 스** 02)332-6306
메 일 pacemaker386@gmail.com
포스트 http://post.naver.com/lewuinhewit

출판등록 2011년 8월 30일(신고번호 제313-2011-244호)

종이책 ISBN 979-11-86273-47-0   13320
전자책 ISBN 979-11-86273-48-7   15320